《人间杭州》

U0682557

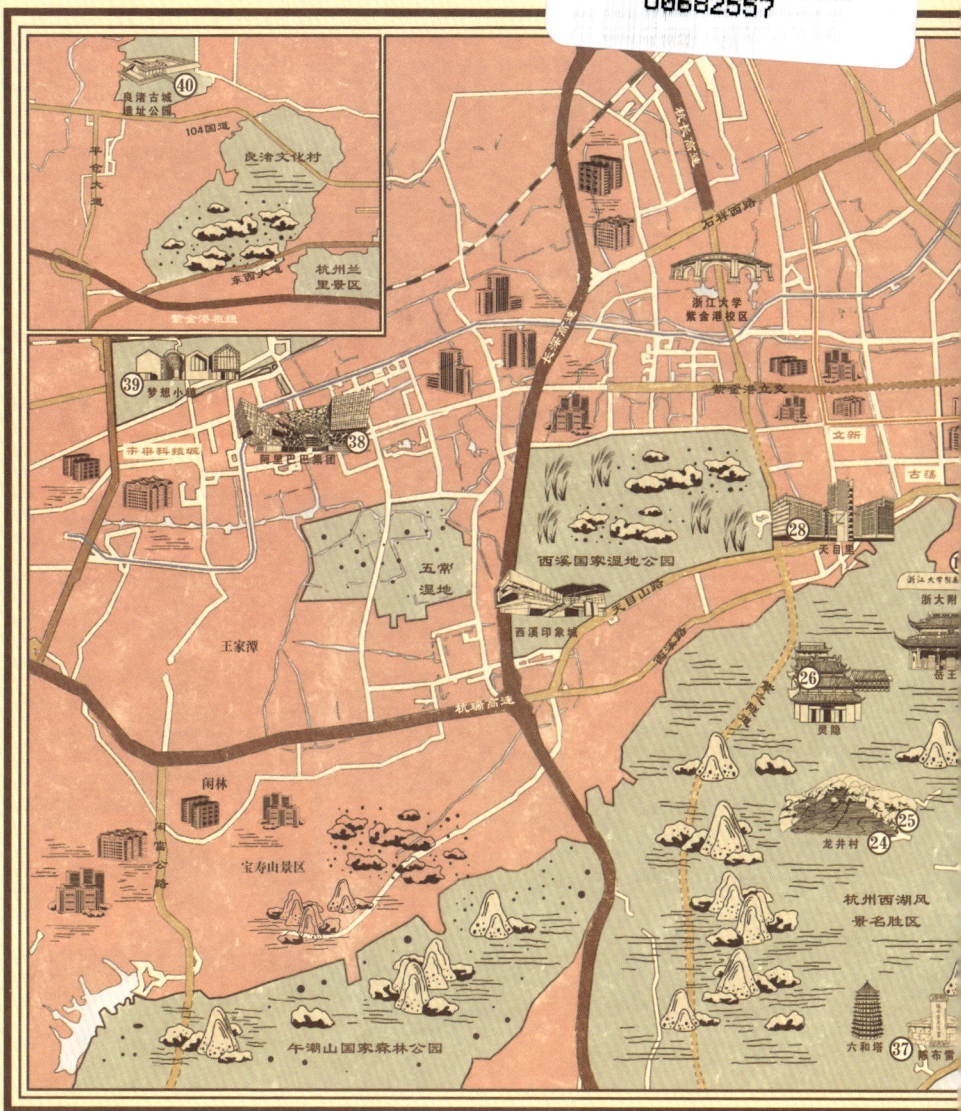

OST IN PARADISE

侯婷绘制

我与一座城市的记忆

人间杭州

Lost in Paradise

吴晓波 著

ZHEJIANG UNIVERSITY PRESS
浙江大学出版社

杭州西湖（约拍摄于 1917 年）

人间的模样，其实就是命运的倒影；
人间的意义，无非就是活着的趣味。

—— 吴晓波

运河边的屋与树（约拍摄于 1917 年）

目 录

钱塘江（约拍摄于 1917 年）[1]

¹ 题词页与目录页的照片均为西德尼·甘博（Sidney Ganmble，1890—1968）拍摄，他是一位经济社会学家，宝洁公司创始人詹姆斯·甘博的孙子。1917—1919 年，甘博曾两次逗留杭州，走遍城市的大街小巷，留下 200 多张颇具人文色彩的老照片。在当时众多拍摄杭州的专业或非专业西方摄影师中，甘博或许是视角最具特色的一位。

开篇　城市、人间与灵魂

　　我一直觉得，每一座城市都行走着很多灵魂，他们有的是看得见的，有的是看不见的。灵魂之间的关系若即若离，他们会互相地瞥一眼，会交谈，会拥抱，会互相砍伐。他们在不同的时间里出现，在同一个空间里重叠，层层叠叠，有的是可以被感知到的，有的则终生茫然无知。

　　每一个灵魂都很有趣，有自己的秘密，绝大多数的秘密微不足道，甚至对于其他灵魂而言，好像从来没有出现或存在过。但是他们又都是重要的。尤其对于城市而言，它就是一个储蓄这些秘密的巨大容器，显贵卑贱是人间的看法，城市从来只知同情，不知拒绝。

　　作为一个城市的观察者，你只有触摸到了更多的灵魂，才能真正地进入它。你发现他们，跟他们说话，看他们落泪和欢笑，渐渐地，你已经是他们中的一部分了，继而成为城市的一部分。这是一个身不由己的过程。

我13岁的时候来到这座城市，那是1981年。我父亲在浙江大学读研究生，为了我的户口能够落到杭州，他不得不放弃博士学业，成了一名教师，这成为他终身的一个小小的遗憾。我住的地方叫求是村，是浙大教师的宿舍区，到城里去的一条小马路两旁种着很高的梧桐树，它会经过一个叫松木场的地方，这个名字听上去就怪怪的。后来有人告诉我，明清的时候，这里是秋决犯人的刑场。有一个大雨瓢泼的夜晚，妈妈生病住院了，我骑自行车去给她送饭，不知道怎么回事，突然冲进了路旁的一个大水潭。我想，应该是那里的某一个灵魂跟我开了一个小玩笑。

在上海读了四年大学之后，我再次回到这座城市，就再也没有离开过。单位给我分配了一套小房子，在金祝路上，这个路名跟两个灵魂有关。1130年，元兵进入临安的时候，城里有军民反抗，带头的是两个叫金胜和祝威的下级军尉，为了纪念他们，杭州人建了一个义士祠，它早就不见了，就留下了一个路名。金祝路的北面，接着一条同样窄小的街巷，叫马塍路，是吴越国时候钱镠养军马的地方，南宋时是一个热闹的花市。有一个很著名的灵魂曾在这里住了二十多年，她叫李清照。从马塍路到西湖，大约十里地，但是女诗人居然没有写过一首与西湖有关的诗词。我每次路过那里，脑海里都会闪一下，到底当年李清照是怎么度过那些漫长的日与夜。

后来，我的家搬到了运河边，书房朝南正对着河道。夜深人静的时候，我一边写作读书，一边能听到运送砂石的夜航船低沉的隆隆声，一开始挺让人烦心的，时间久了，居然不会打扰到我，它似乎成为时间的脉搏声。小区楼下有一座廊桥，

1 2021年夏天，正午的马塍路。李清照在这里居住了二十多年，没有为西湖写下一句诗词。（吴晓波拍摄）

砖地木柱，四檐飞扬，它叫坝子桥，是京杭大运河最南端的标志之一。当年康熙和乾隆下江南，龙舟必经此地。他们每一次来，会动用三千个纤夫和护卫的士兵，那些著名和无名的灵魂，现在还存活于博物馆里的彩绢画卷上。

这几年，我因工作的缘故经常去葛岭半山腰的静逸别墅。它当年的主人是张静江，南京国民政府时期的首任浙江省政府主席，在他任内举办了现代中国的第一个国家级博览会——西湖博览会。在这栋别墅里，出没过蔡元培、孔祥熙、史量才和林风眠等人。天气晴朗的时候，我站在别墅前的草地上眺望远方，细若游丝的白堤就卧在不远处，从断桥到孤山，流传着白娘子的传说，有蒋经国住过的别墅、林逋的水台、俞樾的书房、吴昌硕的画室、秋瑾的大墓，以及苏小小的亭子。水之南面是毛泽东常年居留的汪庄（西子宾馆），他在这里先后下榻了近三十次。

这些名字，有的显赫嚣张，有的潦倒一生，如今他们都各安其所地待在历史的某一个角落。任何一座城市，与其说存在于空间，不如说存在于时间，而时间本无意义，仅仅因为灵魂们的出没而得以呈现不同的叙述价值。

行遍天下之后，客观而言，杭州的山水若在世界各胜景中排名，或许进不了前二十位。但是，在一个中国人的心中，若这些名字被一一朗诵出来，却会生长出别样的气质，它是"历史的黏性"，是被想象出来的风景。人对世界的记忆，从来是悲欢莫测的命运图像，自然山水仅仅是背景而已。

从一千多年前至今，杭州就一直是一座属于新兴中产阶级的消费型城市，自然的美好风景、复杂的人文历史与商业的繁荣天衣无缝地交融在一起。在这里，走近任何美好的事物都不费吹灰之力，它如湖面的荷萍，肤浅地漂浮在生活的表面，如同生活本身一样。

土耳其作家帕慕克[1]曾用一本书的篇幅描写他居住了一生的城市伊斯坦布尔，在题记中，他说，"美景之美，在其忧伤"。

一切伟大的城市，大抵都是如此。它从历史中披星戴月地

---

[1] 费利特·奥尔罕·帕慕克（Ferit Orhan Pamuk, 1952—　），土耳其当代著名小说家，著有《我的名字叫红》《雪》《伊斯坦布尔》等，2006年获得诺贝尔文学奖。

走出，在破坏中得到新生，每一代人、无数的灵魂，都在它的肌肤上烙下印记，让它变得面目全非，然后在忧伤中退回到历史之中。只有城市永远存在，忍受一切，不动声色。

　　好了，现在轮到我来讲述这座人间城市的故事了。我将打扰到很多灵魂，不管他们愿意还是不愿意，此时此刻，他们都必须应我召唤，无处可逃。

2 坝子桥。在这里纳凉的市民，常常叫不出这个亭子桥的名字。（视觉中国提供）

3 在静逸别墅的桂花树下读书，前人往事都与清风无关。（孙午飞拍摄）

01　良渚：东方的"城市之母"

每一个江南的孩子都养过蚕。

不知道什么人，也许是老师或同学，会给你一张纸，上面密密麻麻地粘着比芝麻还小的东西。你把它放进一个破纸盒，上面盖一层棉花。过不多久，这些芝麻点居然会长成白白的小蚕虫。然后，你每天要用桑叶喂食它们。它们吃桑叶的声音，就是你未来记忆中的夏天的声音。

杭州桑叶最多的地方是在城西北。到了周末，我们就结伴骑着自行车去采桑。转过浙大背后的老和山，就到了古荡，再往前骑，就是一片接一片的稻田和矮矮的桑树林。最远，我们骑到过瓶窑和良渚，那是很破败的小镇，沿街有一些灰色的平屋，我们停下来歇脚，吃一碗羊汤面，完了再来一瓶冰水里镇着的西子牌汽水。

在稻田里，远远地看见有农户在耕作。烈日下，他们扶着木犁，用鞭子赶打黄水牛，时间在这里缓慢得像一个无所事事的懒汉。

我们这些少年和农夫都不会意识到，就在我们的脚下，5000年前，有过一座西太平洋沿岸最早的城市。

1936年的一天，25岁的施昕更在杭州古荡的一处史前遗址做发掘工作，偶然间，一柄长方形有孔的石斧落入了他的眼帘，施昕更突然有一种似曾相识的直觉。

施昕更是西湖博物馆地质矿产组的一位干事，老家在良渚镇。此地位于杭州城的北郊，被大径山三面环绕，距离西湖约50里地。从地名可以想见，那是一块水网交错的江南湿地。当地农民以种植桑麻为生，不远处有一个马头关，是防御西北方向的军事要塞。施昕更的父亲是当地一间南货店的店员，因为一场官司，家境窘迫，他读完初中就进了省立高级工业学校艺徒班半工半读。1929年，张静江筹备西湖博览会，施昕更应招去当了讲解员，因认真好学，留在博物馆当了一名地质干事。那天，他发现眼前的这柄石斧好像跟他少年时在老家见过的器物很相似。

几天后，他独自一人回良渚求证。在一条沿山小路上，他捡到了一块在资料上从未见到过的黑色陶片，接着，越来越多的小陶片在附近被找到，这里似乎有先民居住的痕迹。1936年11月3日，在一个狭长形的干涸沟底，施昕更发掘出几片成形的黑色有光的陶片。这几块陶片，就是发现良渚文明的开始。

1937年5月，施昕更独立完成了一篇五万余字的考古论文——《良渚：杭县第二区黑陶文化初步报告》。在报告中，施昕更认定良渚是"一处具有5000年历史的文化遗址"。

1 1934年，西湖博物馆全体职员留影，后排左三是施昕更。（资料图片）

在中国古文化研究史上，只有工读生学历的施昕更是一个名不见经传的小人物。更可惜的是，就在他写成那篇论文的数月后，日本侵华战争全面爆发，杭州沦陷，施昕更随博物馆南逃到浙南温州山区。

1939年4月，施昕更因积劳成疾而去世，年仅28岁。[1]

正是施昕更及后来的考古人员的工作，让我们得以想象5000年前，人们在这片土地上劳作和生活的景象。

那时候的良渚比现在炎热得多，气候类似于华南的广

---

[1] 与施昕更同时期开展良渚考古的，还有卫聚贤、何天行和董作宾等人。

州——同时期的河南还是大象出没的地方。因为地处丘陵湿地，此地应该没有特别大型的凶猛动物，这恐怕是先民聚居的原因之一。有专家考据说，他们来自钱塘江上游的"上山文化"。

良渚人已经告别游牧，学会了在水田里种稻谷，他们把土地切分成不同面积的正方形耕种。为此，部落里最聪明的人发明了石犁、石镰和石刀。在食物上，他们最喜欢吃的是猪肉，良渚人也许是地球上最早驯化了猪的人类之一。

每当日出的时候，男人们乘坐着独木舟去捕捞河网里的鱼，从残留的鱼骨看，最主要的有草鱼、鲤鱼和鲶鱼。为了蒸煮食物，他们烧制黑陶的炊煮器，其中有一款隔挡鼎，在鼎内壁设有一圈承放竹编的隔板，通过加热鼎下部的水，可以蒸出更美味的食物。

女人们则在家纺织，良渚人穿的是麻织的衣服。他们发明了木质和石质的纺轮，使用时在纺轮中心孔内插入拈杆，在飞快地旋转中捻出麻线。这个工艺一直到20世纪80年代前后还在被农妇们使用。

到了夜晚，大家聚在一起喝酒——是的，他们已经知道如何酿酒，还发明了滤酒器，它的主体为一个陶钵，侧面带一个较高的漏钵，另外还在底部加一道隔板，带酒糟的米酒或果酒经过漏钵过滤，可以提高酒的纯净度。

人类之区别于其他生物，在于他们会做一些"无用的事情"，有审美和信仰的需求。良渚人是伟大的玉匠大师，他们制作了品类繁多的玉器，有玉琮、玉璧、玉钺、玉管和玉珠，等等。他们应该是当时的地球上最先进的"玉器部落"。

2 1900年前后，杭州城郊的农民正在捉鱼。当鱼儿游到身边时，迅速放下箩筐，把鱼儿圈住。他们的捕鱼方式似乎比良渚人并没有先进多少。（费佩德[1]拍摄，沈弘提供）

　　那天在良渚博物院，我流连在这些几千年前的先民作品前。在一块玉璧上，匠人刻了一只小鸟，它站立在有两个台阶的高台上，高台的中央有一朵图腾般的太阳花。透过那天真而坚定的刀刻，你可以想象当年那位玉匠制作这块玉璧时的愉悦的心情。

　　还有一块精美庄重的玉琮，外方内圆，上面浮刻四个兽面图案，是神权的象征，属于部落里的"王"。我发现，良渚人的审美非常高级，他们已经懂得几何对称的原理，神徽的设计十分抽象。讲解的馆员告诉我，这块玉琮所呈现的复杂而对称

[1] 费佩德（Robert Ferris Fitch，1873—1954），原之江大学校长。

3 刻着"鸟立高台"图案的良渚玉璧（良渚博物院提供）
4 良渚人发明的过滤器（浙江省文物考古研究所提供）

的图纹，是千年之后的殷商青铜器上的饕餮纹的雏形。至于它们之间的神秘关系，是另外一个悠长的故事。

有一年，我去成都的金沙遗址参观，在馆藏展品中意外地看到了一个"十节青玉琮"，玉体斑驳有杂色，显然是良渚古物。金沙文化的古蜀国比良渚晚了约1500年，这块玉琮是如何漂泊到巴蜀的，也实在是让人好奇不已。

良渚人并不是孤独的，经常有其他部落的人来拜访他们。5000年前，在长江下游—太湖—钱塘江的"金三角地区"，存在着一个部落集群，它们由数以百计的大大小小的部落组成，后世发现的江苏吴县[1]草鞋山遗址和张陵山遗址、青浦福泉山遗址、常州圩墩遗址等，都被通称为良渚文明。

---

[1] 今苏州市吴中区和相城区一带。

它们有近似的文明特征，互相之间有密切的互动关系，甚至存在着相同的信仰和符号系统。它们也许还不构成"国家"的概念，然而，已经建立起了某种从属和依附关系。

在这一部落集群中，良渚的首领处在一个号令者的地位。日本学者中村慎一在研究中发现，从江苏和上海的各处遗址都发掘出一些象征权力的玉琮，它们绝大多数是由良渚的玉匠们制作的，由良渚贵族派送、馈赠给各个地方，这代表着某种授权和控制的意味。

而与同一流域的其他部落相比，良渚最根本性的一个升级是，它居然是一座城市。

这一发现是2007年以后的事情。考古学家在以莫角山为中心的四周，发掘出了一圈环绕的城墙。在这一区域内，有宫殿区、内城和外城，呈向心式三重布局结构，面积约3.66平方公里。这座城池是一个合围式的水城，它的城墙宽20～150米，高约4米，足够抵抗外族的侵略。良渚人在城内修建了河道和码

5 良渚古城的玉琮，重6.5公斤，是神权的象征。（出自《良渚遗址群发掘报告之二：反山（下册）》）

图6 "金三角地区"的良渚文明等级分布图（侯婷绘制）

头，他们用竹编、木桩和木板构筑护岸，还打出了淡水井，并
有取水池和排水体系。

在这个区域内，有宫殿、祭坛和广场，没有发现农田，也
就是说，它属于公共行政和社会活动的空间。人类从蒙昧、野

蛮到文明，城市的诞生是一个革命性的转折点。

2015年，考古人员又在古城外围的北面和西面，发现了一个由11条坝体共同构成的古代水利系统。这是迄今为止被发现的最早的拦洪水坝系统。专家通过测算发现，这一系统可抵御该地区百年一遇的洪水。

在史学界有一个常识，作为四大古老文明之一的华夏文明起源于黄河流域，历史约为3000年。然而，近数十年来，长江中上游的三星堆和下游良渚文明的发现，让这一常识面临致命的挑战。

良渚古城的发现，让中国的史学家们既惊喜又焦虑。惊喜的是华夏文明因此一口气提前了2000年，焦虑的是历史教科书要重新改写，原本已很完备的黄河流域"一元起源论"将被颠覆。

那天，我回到施昕更发现黑陶的那片土埂。在被覆盖的泥土的深处，静寂成了百科全书，将发生在过去和现在之间的所有一切，凝结为历史。这里已成为遗址公园的一部分，人们根据想象重修了河埠和土坯茅屋。馆员指着东北方向的一个隆起的土堆告诉我，那便是莫角山，当年良渚古城的宫殿区。先民们堆筑了十多米高的土台，土方量接近埃及胡夫金字塔的石方量。

5000年前的某一个清晨，东方曙光初现，良渚古城正在举办一场庄严的祭祀。良渚王神色肃穆地站在莫角山宫殿的最高处，他头戴一顶冠状玉器，右手捧着象征神权的玉琮，左手则高举一支代表武力征服的大钺——圆形的木杆之上拴着一只绘有神鸟的玉钺。

良渚人信仰太阳神，他们认为是太阳给予了他们食物、光明和无穷的能量。

这个时候，如果良渚王向西眺望，穿越到7000公里之外，他会在幼发拉底河下游的一个河谷"看见"另外一座城市的存在。在西方文明史上，它被叫作乌鲁克，是人类历史上的"城市之母"。

它有长达九公里的砖砌城墙，城里有雄伟高大的塔庙、相互毗连的神庙和宫殿群，有一种说法是，乌鲁克人还发明了人类最早的楔形文字。如果说良渚人是玉器大师，那么，乌鲁克人则更喜欢铜器，他们掌握了熔锻金属片的技术和失蜡法。

那是人类演化的曙光时期，在这个地球上的某几个地方，出现了新的聚居形态、组织模式和技术革命，而创造这些的他们彼此互不知晓，却以各自的方式抵达了文明的最高点。

这些关于良渚的故事，20世纪80年代末，当我和小伙伴们在瓶窑和良渚的桑树地里采桑叶的时候，完全一无所知。一直到2007年，随着古城遗址的发现，良渚的意义才被真正凸显出来。2019年7月，良渚古城遗址获准列入世界遗产名录，这时候，距离年轻的施昕更去世又过去了整整80年。

02 "杭"：大禹渡江处

中国的城市大多依水而建，很多汉字除了表示地名，别无他意，"杭"便符合这两个特征。

古书《说文》中解释"杭"，只有很简洁的一句话："杭，渡也。"把这个字解开来，左边是个"木"，右边是个"亢"。"亢"字很古老，在甲骨文里就有了，指的是人的咽喉。

合在一起，"杭"就是有一群人在大江的一个渡口划木筏。

这条大江叫钱塘江。它起源于500多公里外的大山，初始是一条清澈的小溪，渐而辽阔，一路蜿蜒东流，沿途又被叫作新安江、富春江。这也许是中国最美丽的河流之一，6世纪南朝文人吴均给友人写了一封短信，介绍他看到的钱塘江风景，短短一百多字，成了中国文学史上一篇十分著名的美文：

1［元］，黄公望，《富春山居图（局部）》（视觉中国提供）

　　风烟俱净，天山共色。从流飘荡，任意东西。自富阳至桐庐一百许里，奇山异水，天下独绝。

　　水皆缥碧，千丈见底。游鱼细石，直视无碍。急湍甚箭，猛浪若奔。

　　夹岸高山，皆生寒树，负势竞上，互相轩邈，争高直指，千百成峰。泉水激石，泠泠作响；好鸟相鸣，嘤嘤成韵。蝉则千转不穷，猿则百叫无绝。鸢飞戾天者，望峰息心；经纶世务者，窥谷忘反。横柯上蔽，在昼犹昏。疏条交映，有时见日。

　　这段文字很符合中国文人对自然之美的认知，天人合一，缥缈从容。

　　到1350年，画家黄公望在六张宣纸上画了一幅约七米长的

山水长卷《富春山居图》，这可能是中国最著名的山水画了。此画数百年间被人巧取豪夺，到1949年，一分为二，半截藏在台北，半截留于大陆，竟成了两岸分离的一个沉默的见证者。

钱塘江另一出名处，是它的大潮。因地势奇异，先宽后窄，到了下游，平缓的河床突然上升，潮水最高可达三到五米，远观细细一缕银线，到了近处猛然鸣声如雷，似万马奔腾。钱江潮到农历八月十五至为壮观，千年以来是江南最惊心动魄的景观，历代留下很多诗词，最著名的是宋人潘阆写的一首《酒泉子·长忆观潮》，其中的下阕是：

> 弄潮儿向涛头立。手把红旗旗不湿。
> 别来几向梦中看。梦觉尚心寒。

后人常说的"弄潮儿"，典故就出自这里。

2［清］，袁江，《观潮图轴》（故宫博物院提供）

　　1916年9月，革命者孙中山来江边观潮，又留下一句名言：世界潮流，浩浩荡荡，顺之则昌，逆之则亡。

　　大潮袭来，敢于举着红旗跳进江里的人，要么是水性极好的亡命之徒，要么是对风险毫无预知的鲁莽少年，反正都是九死一生的事情。其实年年观潮，都会发生几起悲剧，人在岸边不及躲避，被巨潮席卷而去。

　　公元前21世纪的某一天，一位耳朵上有三个孔洞（"耳三漏"）的北方汉子站到了钱塘江畔。[1]

---

[1] ［东汉］王充《论衡·骨相篇》："传言黄帝龙颜，颛顼戴午，帝喾骈齿，尧眉八采，舜目重瞳，禹耳三漏，汤臂再肘，文王四乳……"

此时，曾经辉煌一时的良渚古国早已陨落了。它是如何消失的，迄今是一个谜，在古城的发掘中，没有发现洪水或大规模杀戮的迹象，最大的可能应该是发生了一场突如其来的瘟疫，良渚人四处逃散，再也没有归来。

站在江边的这个人叫禹，是中国历史上第一个王朝——夏的创立者。

帝舜时期，洪水泛滥，大禹受命治水。他以疏导之策，利用水向低处流的自然趋势，疏通江河，历时十三年，"三过家门而不入"，终告成功。

我在念书的时候，读到这一段总有点恍惚：大禹先生再繁忙，也不可能到了家门口还去住"招待所"。"三过家门而不入"，要么是史家的一种夸张，要么是另外一个情形：大禹治水的过程，其实也是对沿途的一个又一个部落征服的过程，而征服的一个象征是，部落酋长把自己的女儿嫁与大禹，以达成姻亲联盟。因此，大禹先生有了很多很多的"家"，有不少恐怕连他自己也不记得了。

治水既成，大禹部落的统治疆域也就逐渐形成了。约公元前2070年，禹受禅让为帝，建立夏朝，定都阳城[1]。

大禹把天下分为九州，基本上确立了以后2000年华夏帝国的治理空间，其中的很多名称至今仍在使用，比如豫、冀、扬、荆等。今日杭州所在的区域地处王朝的东南隅，隶属于扬州。

大禹立国后的第十年，南巡至会稽山[2]，在象征的意义上，

---

[1] 今河南郑州登封。

[2] 今浙江绍兴。

3 大禹绣像（视觉中国提供）

这意味着黄河流域对长江流域的整体征服。大禹在这里会盟南方各部落的诸侯，最后客死此地。

大禹去会稽山，必须要经过钱塘江，传说他至此造舟以渡，就留下一个地名，叫"禹杭"，千百年后，口语相传，讹"禹"为"余"，是为"余杭"。

那天，我又在想一个问题：为什么大禹到了会稽就不再向南走了？对着地图发了一阵呆，突然琢磨出了一个道理：原来跟钱塘江有关。

这条江由西南向东北，切分出杭嘉湖和宁绍两块平原，在宁绍平原以南，便是四明、大盘、雁荡等连绵不绝的丘陵，它们与闽北的武夷山脉连为一体，再南下，便是蛮族活跃的"瘴气之地"。因此，在地理上，钱塘江流域与长江下游和太湖构成一个区域整体，是中原统治的东南极限，也可以称为自然疆线。隋代修大运河，止于钱塘江和杭州，应该也是这个道理。

　　夏、商、周三朝，杭地都属扬州管辖。

　　到了春秋时期，天下诸侯攻伐，杭地的北面是吴，国都在苏州，东南面是越，国都在会稽。钱塘江是越国的天然屏障，江南的渡口是西兴[1]，江北的渡口是柳浦[2]。公元前6世纪，吴越争霸，打了二十多年。与中原各国的骑射陆战不同，吴越打仗更多的是水上作战，《越绝书》记载"以船为车，以楫为马"。

　　这场战争很富戏剧性，先是越国胜，吴王阖闾负伤身死。两年后，他的儿子夫差在太湖洞庭山的一场水战中大败越军，攻进了会稽城，越王勾践入吴为奴。后来，越人使了个"美人计"，把绝世佳人西施送给吴王，勾践归国后则"卧薪尝胆"，十年后大败夫差，灭了吴国，成为春秋的最后一位霸主。

　　杭地处在两国交战的中间地带，越国战败，大臣们送勾践入吴，就是在钱塘江南岸的西兴渡搞了个告别仪式。随着战事的反复，江北一带的土地，一时归吴，另一时归越，要问百姓对谁更有感情，估计也是心如乱麻。今日杭城东南有一个小山脉，据传当年为吴国的西部边境，迄今叫吴山。山上为传奇的吴国大臣伍子胥建了一个子胥祠，还把他封为钱塘潮的"潮神"。由此看来，杭人还是跟苏州人更亲近一些。

---

[1] 今西兴古镇。
[2] 今江干一带。

4　西兴渡是钱塘江南岸最古老的渡口，有 2500 年的历史。当年范蠡在这里筑铁陵关，也是从这个渡口把西施运过江，送到了苏州王宫。运河开通后，这里是浙东运河的起点，昔日无比繁忙。因钱塘江多次改道及围垦，今天的西兴古镇距离江面已有四公里之远。（吴晓波提供）

5　柳浦这个地名已经不存，大致方位就在照片中的这一片，民国时期，张静江在这里建"浙江第一码头"，右侧是钱江四桥。当年这里是钱塘江北岸最大的渡口，为了固土防潮，种植了很多的桑树，它也成为后来蚕丝业发展的溯源。（马西锋拍摄）

吴越战争结束后，又过了两百多年，天下局势再次发生大变，西北的秦一统了天下。

秦推行郡县制，杭地属会稽郡[1]，从此有了一个县名，叫钱唐[2]。是先有钱唐县名，还是先有钱唐江名，迄今也说不清楚。总之，有了行政建城的开始，那一年是公元前222年。

钱唐建县的十二年后，公元前210年的十月，它又迎来了一个堪比帝禹的大人物，那就是秦始皇。《史记》记载：

---

[1] 郡治在吴县，即现在的苏州，而不是在绍兴。
[2] 到了唐朝，为了避讳，改钱唐为钱塘。

始皇出游……过丹阳，至钱唐，临浙江，水波恶……

钱唐和浙江这两个名词在正史中出现，都是第一次。

"水波恶"三字，描述了江涛汹涌的景象。为了行舟方便，秦人开拓了一条人工水渠——陵水道，它北起由拳[1]，经过钱唐，最终到达越地。此条水渠是隋"江南运河"的前身之一。

始皇此次莅临，在杭州留下了一处遗迹，便是宝石山麓的"始皇缆船石"，据传他在附近泊舟，系缆绳于一块大石头上。到了北宋时候，有人在石头上凿了一尊佛像，还在这里建了一个大石佛院。

如果传说属实，那就意味着，在始皇南巡的时候，西湖还未形成，那片水域是浩瀚大江的一部分。

钱唐建立县治的时候有多少人口，没有记录，甚至县城到底建在哪里，也众说纷纭，未有确凿的考古发现。据《钱唐记》和《吴地记》记载，是在灵隐山的附近，而《神州古史考》则认为是在钱塘江边的徐村、范村一带。普遍认为，灵隐山的概率更大一些。

最可能的事实是，这两块地方都有聚居地，一个背山，一个临江。在当时的华夏大地上，它们都是四线以外的小土城。不仅与北方的咸阳、邯郸、临淄等大型城市无法相提并论，与邻近的苏州和绍兴相比，也相去甚远。

---

[1] 今嘉兴。

6 20 世纪 80 年代，钱塘江大桥边的六和塔游泳场。

7 1986 年，钱塘江大桥两边的建筑。照片中我们还能看到当时杭州最高的烟囱（高 86 米），它来自杭州闸口发电厂（当时的"江南三大发电厂"之一）。这根烟囱后来于 2002 年被炸毁。（图 7-8 由吴国方拍摄）

在高维度文明的中原人眼中，当时的越地是东夷，《礼记·王制》载"东方曰夷，被发文身"，《史记》描述越王勾践的祖先，也说"文身断发"，俨然是文明教化程度不太高的部落首领形象，与中原礼制相去甚远。

所以，确切地说，两千多年前的这一片土地，已经作为一个地理名词存在。但是，在很长的时间里，它是两个东夷国家之间的边境之地，文明程度无法与中原相比，风土人物也乏善可陈。

03　飞来峰下的禅风

今天，一个旅人第一次到杭州，他首先想到要去的地方是哪里呢？

答案是西湖或灵隐寺。这是两个必达之地，无非先去哪一处而已。

如果城市是人类聚居的一种文化存在，那么，它的核心内涵，就不应该是物质而是精神。精神以不同的方式呈现，可以是宗教、绘画、音乐、文字、传说，或者是承载了这些元素的建筑物、风景、器皿或街道。

在唐代之前，西湖还没有被白居易和苏东坡们点化，并不出名，甚至连西湖这个名词都没有出现。而灵隐寺则已经声名远播了，它可以说是杭州的第一个文化核心。甚至在我看来，先有灵隐寺，再有精神意义上的杭州。

种下灵隐这颗文化种子的，是一位叫慧理的和尚，他居然是西印度人。

慧理的生卒年已经不详，史载，他是在东晋咸和初年（326年）来到东土，由中原云游南下，328年，到了钱唐的武林山。他望着一座奇石独秀的山峰叹了一口气，说了一句话。

在慧理和尚讲出这句话之前，我们先来简单梳理一下过去几百年的中国和杭州。

自大禹建夏朝以来，华夏文明的钟摆长期摇摆于黄河流域，长江中下游一带则以东夷的身份存在，在文明的意义上，要么是沉默的，要么是对北方的呼应。

汉朝代秦之后，钱唐县仍然隶属会稽郡，之后又被改为泉亭、余杭等名。

东汉时期，时人兴修水利，从宝石山至万松岭修筑了一条海塘，从此出现了一片与江海隔断的泻湖。这便是日后滋润杭州千年的西湖。因为它是从钱塘江隔绝出来的，就被叫作钱塘湖。很长的时间里，农民在湖里种植茭莲，在水浅的地方围湖造田，湖水用来饮用和酿酒。"西湖十景"之一的曲院风荷，"曲"字原为"麹"，便是酿米酒的地方。

到了天下纷乱的三国，东吴割据江南约半个世纪，国主孙权一族出身钱唐附近的富春县[1]。今天富阳龙门古镇的居民，仍以孙氏后裔自居。

3世纪末至4世纪初，统一了三国的晋朝爆发"八王之乱"，匈奴趁机内侵，北方陷入空前的兵祸。317年，士人大族"衣冠南渡"，在金陵[2]另建汉人政权，是为东晋。在中华史

---

[1] 今杭州富阳区。

[2] 今南京。

上，这一事件是中国文化重心由北南迁的转折性时刻。

从东晋到之后的南朝四代——宋、齐、梁、陈，270余年，钱塘江北岸的人口渐渐增加。549年，梁武帝升钱唐县为临江郡——相当于现在的地级市，这是钱唐升级郡治之始。587年，取代梁朝的陈朝又将这里改为钱唐郡，郡治就在钱唐县。

东晋之后，文化史上最重要的事件，是佛学的普及和汉化。

佛教起源于古印度，约于西汉末年东传到西域。唐太宗时期，玄奘万里取经，普法中原。在后来的数百年里，佛教日渐汉化和文人化，诞生了极具中华特征的禅宗。"衣冠南渡"之后，佛教在江南一带迅速传播。因政治的黑暗和压抑，东晋文人避世情结严重，佛学教义正合其意，终成主流思想。

葛兆光在《中国思想史》中论及："公元四世纪中叶以后，相当多的佛教僧侣活跃在南北各地，使得佛教思想渐渐进入中国思想世界的主流，佛教思辨渐渐成为中国知识阶层思想兴趣的中心。"[1]

慧理和尚误打误撞地站在武林山下的那一刻，正是在葛兆光所概括的这一转折时期。

此时，展现在慧理眼前是一座突兀奇秀的山峰，"林木皆自岩骨拔起，不土而生"。他叹了一口气，然后说：

---

[1] 葛兆光：《中国思想史·第一卷》第四编第五节，复旦大学出版社 2001 年版。

此乃中天竺国灵鹫山一小岭，不知何时飞来？

佛在世日，多为仙灵所隐。

可惜那个时候没有地图，慧理所说的"中天竺国灵鹫山"到底是否存在，大概只有他自己心知肚明。而佛祖在世的时候，有很多仙灵隐居在这里，则更只有靠想象力了。

不过，这一套既玄妙又新奇的说法，在当时却一定是颇能打动人心的。

在构筑了"神话起源"之后，慧理同时进行了地理名词的创建，他把那一片山峦命名为"天竺"，峰命名为"飞来"，地名则是"灵隐"。

就在328年，慧理在飞来峰下的龙泓洞一侧建了一座灵鹫寺，两年后，在北高峰下建成灵隐寺，接着在下天竺建了一座翻译经卷的翻经院，后来又相继建成灵峰、灵顺两座寺庙，史称慧理"连建五刹"。

在读到这些语焉不详的史料的时候，我是深深地被慧理大师折服了。

一个从西印度来的和尚，能够在短短几年内一口气建成五座寺庙，让人真正惊叹他的经营能力，慧理算得上是一等一的"募款大师"。同时，这也从一个侧面证明，在当时，佛教思想已经深入人心，尤其是那些有财力的知识阶层。

另外还有一个常常被忽视的细节：当时钱唐县的治所，就在灵隐山一带。

因此，慧理所造的这些寺庙其实并不偏远，甚至可以说，就在最毗邻的城郊。当年的钱唐县应该非常的粗陋和狭小，到

1 飞来峰弥勒佛石刻

2 1993年，雨天中的灵隐游客与理公塔。（图1-2由吴国方拍摄）

老和山
石虎山
宝石山　大佛寺
抱扑道院
岳王庙　葛岭
玛瑙寺
法华寺
韬光寺　北高峰
靈顺寺　灵隐
扇子山
美人峰　永福寺　灵隐寺　法镜寺
挂牌山　法云寺
龙门山　法净寺　下天竺
永兴寺　中天竺　西湖
石人岭　法喜寺
上天竺　慧因高丽寺
玉岑山
竹竿山　天竺山
家山　狮峰
大清庙　文碧峰
荼坞山　理安寺
梅家坞
开化寺
六和塔
丁家山
五云寺
云栖
石壁山
百子尖

3 "天竺佛国"图。南朝四百八十寺，多少楼台烟雨中。（侯婷绘制）

今天，考古人员还没有发掘出县治的具体方位和格局。而慧理五刹的修建，则打造出一个至高无上的文化地标，从此，这座城市有了灵魂，古杭州正式进入中国文化地理史的叙述范畴。

古今中外，信仰是人类亲近神性的重要寄托。在西方有个说法，教堂塔尖的高度就是一座城市的高度，它既是建筑性的，更是心灵性的。而在很多年前的中国，寺庙——除了宗教性的，还包括家庙、城隍庙或土地庙——往往是城镇的心脏所在。一个显赫的宗教场所如同无声的召唤，让尘世中的人们向之聚拢，并营造出独特的城市气质和文化氛围。

随着灵鹫、灵隐等寺庙的出现，在后来的五六百年里，天竺山区附近先后又建成了法喜、法净、法镜、韬光等数十个大大小小的佛寺，形成江南一带最为密集的寺庙群，时称"天竺佛国"。

据传，慧理当年经常晏坐在龙泓洞口的一块岩石上冥思，后人称之为理公岩。人们又在岩上建了一座高约八米、六面七层的理公塔。

在写这本小书的时候，我一直试图着捕捉杭州的"城市性格"——它最底层的文化基因是什么，又是如何在历史的层叠历练下形成为今日的面貌。这是一个既具体又抽象的过程，如同人生的灵肉一体，在种种偶遇及宿命的安排下，呈现为各自独特的内涵和表征。

这座城市从来没有出过深刻的哲学家、苦难的诗人抑或悲剧性的小说家，在一千多年前，就有人用"浮诞"来形容它。但它不够废墟化，没有悲壮的屠城史。"偏安"是它的宿命，

4 天竺寺院墙

5 雪后山坳里的天竺寺

6 灵隐寺的和尚们

7 灵隐寺内正在做法事的和尚（图4-7 由甘博拍摄，屈皓提供）

也戏剧性地构成为这座城市的个性。这里出忠臣不出猛将，出文士不出哲人，出商贾不出赌徒，出谈禅者不出苦行僧，甚至偶尔出了一个国王，也缺一颗逐鹿中原的雄心。

这是一座没有拒绝型人格的城市，它被美景包围，并一直沦陷于此。这里的人们做任何事情都不够激进，喜欢给自己留后路。

现在想来，原因也很简单。他们家的后路里有着一个灵隐和西湖，前者可以寄托灵魂，后者足以安顿肉身。如果对于杭州人而言，有唯一的一个哲学意义上的问题，它就是——如何好好地活着？

而这正是慧理建寺修塔的全部理由。

如果城市的本质是生活，而生活的本质是"好好地活着"。在这一点上，也许没有一座中国都市，比杭州做得更好。

在后面的叙述中，你会发现，如果杭州有所谓的"城市性格"，它是由"人间佛风""人文西湖""偏安岁月"和"运河商流"这四个元素构成的。佛禅是灵魂，西湖是筋骨，偏安是个性，商流是皮肉，它们在不同的时代以各自戏剧性的方式生成，从而塑造了每一个生活在这个世俗空间里的人。

东晋之后的南朝时期，佛学极度昌盛，所谓"南朝四百八十寺，多少楼台烟雨中"，杭州与金陵正是当时香火最为旺盛的城市。

745年（唐天宝四载），法钦禅师在距离灵隐不足百里的径山结庵，建径山寺。到了南宋时期，杭州城内的寺庙多达

8 1983年，走在杭州少年宫广场上的一群香客（吴国方拍摄）

486座，其中以径山寺的僧人为最多，仅僧房就超过千间，为江南五大禅院之首。

当时，圆尔辨圆、南浦昭明等日本僧人远渡来径山学禅。归国后，他们带回的中国茶经典籍及径山茶具，日后演化为"日本茶道"，他们创建的临济宗成为日本信众最多的禅宗一脉，径山因此成为临济宗的祖庭道场。

近代史上最后一位传奇的杭州僧人是李叔同。这位风流绝代的津门才子，在33岁的时候到杭州当音乐和绘画教师，38岁

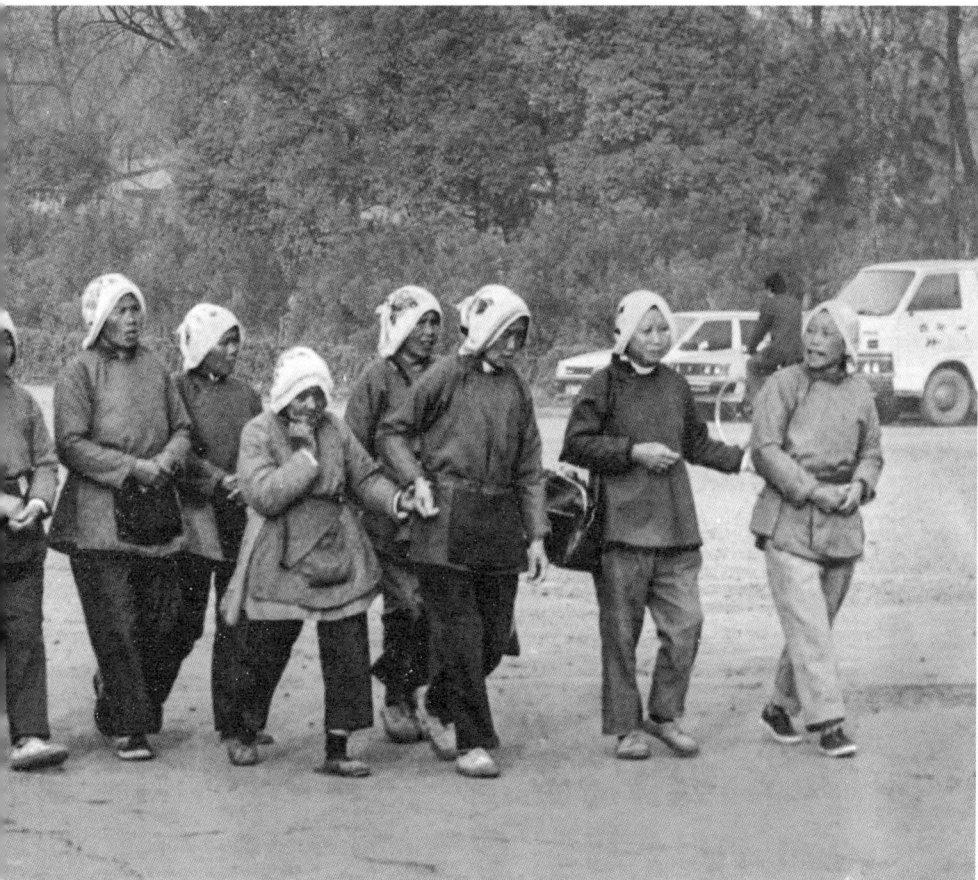

时（1918年）在虎跑寺剃度出家，法号弘一法师。1942年，弘一圆寂于泉州，骨灰迁回虎跑寺修建舍利塔。有一次，我去虎跑途经弘一塔，见塔角支着一捧野花，花已枯萎，上面插着一张粉色的笺纸，展开是弘一出家前写过的那首最出名的歌词："长亭外，古道边，芳草碧连天。晚风拂柳笛声残，夕阳山外山……"

自慧理到弘一，杭州佛缘，绵延千年不绝。对于杭州人来说，每年有数不清的日子和理由去烧香拜佛，这是一个宗教行为，但更像是一次次的郊游。

从南宋到民国，西湖香市是全城一年一度最重要的宗教和商业活动，也是江南一带最负盛名的大型市集。它开始于花朝（农历二月十二日），结束于五月端午，时间长达三个月，几乎是春季的全部。香市的范围则包括灵隐诸寺、西湖北山路全线及吴山周遭。开市的那段日子里，除了杭州市民，北面的苏锡常和嘉湖，东面的绍宁温，人们纷纷挎着香袋、坐着香船蜂拥而至。一直到今天的春季，杭州街头仍然可见挎着黄色香袋来杭州上香拜佛的农村老妇人。

张岱在《西湖梦寻》中专有"西湖香市"一节描述当时景象：

> 有屋则摊，无屋则厂，厂外又篷，篷外又摊……
> 此时春暖，桃柳明媚，鼓吹清和，岸无留船，寓无留客，肆无留酿。

杭州人善于把所有的事情都做成生意，把生意过成日子，把日子浸泡在一个又一个花枝招展的理由里。

04　大运河的终点处

展开华夏帝国的地图，在军事的意义上，杭州从来是一个微不足道的存在。

它与黄河、长江两个天堑无关，也不处在任何山脉或大平原的关隘之处，并非争夺天下的"咽喉"或"枢纽"。取之不足以威慑四方，失之无关乎全局得失。今天，它与北京、西安、洛阳、开封、南京和安阳并称为"七大古都"，而与其他六城相比，它在地理上的重要性一定是最低的。

这种可有可无的角色，倒给了杭州一个意外的安全性。所以，后来即便筑起了城墙，也不够高不够厚，根本经不起战车和掷石机的猛烈冲击。每一次的改朝换代，杭州都是被"顺便"占领的城池，而大多数的场面是"稍事抵抗、主动投降"。

这听上去一点都不壮烈，挺让人沮丧的。不过，它也意味着，杭州很少出现生灵涂炭的惨烈景象，"百日围攻""人相食""屠城"这些词语，从来没有出现在杭州的地方志上。说到这里，西安人、洛阳人和南京人应该都会十分的羡慕。

古代杭州的重要性在于文化和经济上的意义，而后者则全数是京杭大运河带来的。

隋朝是一个极短命的王朝，前后仅仅37年（581年—618年）。而对于杭州，它则做了三件极重要的事情。

第一件事：589年（开皇九年），隋文帝杨坚进行行政区划改革，把州、郡、县三级更改为州、县两级，全国共有241个州，其中之一为杭州，下辖钱唐、余杭、富阳、盐官、于潜、武康六个县。

这是"杭州"之名的第一次出现。

第二件事：590年，会稽人高智慧起兵造反，大将军杨素东征平叛，他的部队从柳浦这个地方渡过钱塘江。此处是江北最大的渡口，杨素就在这一带建了一个"周长十里"的新城。隋唐的一里是现在的540米，这个新城的面积约1.7平方公里。

当时中原的造城技术已非常发达，早在582年，高颎和宇文恺曾用280天就新建了首都大兴城[1]。钱塘江边的这座小城费时不足一年而成，它依山而筑，从凤凰山南麓[2]延伸到柳浦渡，占据了钱塘江南北岸的交通命脉。

它一开始是一个驻扎军队的军事性城堡，建成之后，钱唐县的行政治所就从灵隐山迁到了此处，这便是日后杭州城的雏形。杭州从此进入了漫长的凤凰山时代。

---

[1] 即后来的唐长安城。
[2] 今天的三廊庙一带。

唐代诗人赵嘏曾写有《西江晚泊》，其中描述了柳浦的风貌：

茫茫霭霭失西东，柳浦桑村处处同。

第三件事：610年（大业六年），隋炀帝杨广下令开凿贯穿南北的大运河，以洛阳为中心，北部起点为涿郡[1]，南部终点就在钱塘江边的杭州。

这是一个决定了杭州命运的工程。可以说，没有大运河，就肯定不会有后来的杭州城。

中国的大江大河，均为由西向东，南北之间缺乏水运主干。早在春秋时期，吴国夫差为北伐齐国而开凿邗沟，是为运河之始。在此之后，魏惠王、秦始皇、汉武帝及曹操，都开凿过不同长度的漕渠，不过，它们都是一条条孤立的人工河，互相之间并无勾连。

604年，隋炀帝登基，着手营建东京洛阳。为了解决洛阳的粮食供给，也为了征服南方地区，隋炀帝广征民力，建成了一个以洛阳为中心，东到淮泗，南到吴越，西到关中，北到幽燕[2]，连接黄河、渭河、洛河、汾河、沁河、淮河、泗河、长江、钱塘江的四通八达的漕运体系。

隋代的这条大运河，全长5400余里，是一个雄心勃勃、具有顶层设计和前瞻规划的水利工程。自此，秦汉以来只有东西交通的状况被陡然改变，中原文明自东晋渡江之后开始出现南

---

[1] 今河北省涿州市。

[2] 今北京。

移景象，随着大运河的开通，北风南渐，终成定势。

隋炀帝因开拓大运河消耗了惊人的国力。《隋书》中说是"举国就役而开御道"，终而激发民变，炀帝被缢弑于南巡途中，李渊在太原起兵，创建唐朝。晚唐诗人皮日休有诗叹曰：

尽道隋亡为此河，至今千里赖通波。

这一巨大的运河工程最南端的一段，被称为"江南运河"，它起于长江南岸的京口[1]，途经晋陵[2]、苏州，到杭州，全长800里（323.8公里），水面阔十余丈，可以行驶皇帝南巡时乘坐的龙舟。

杨广在当晋王的时候，曾经有十年时间出任扬州总管。他对江南的山形地势应该十分了解。大运河以杭州为南部终点，在战略上的考虑便是将长江与钱塘江打通，便于把杭州和宁绍平原的粮食征调北运。

随着这条运河的开通，杭州的战略地位猛然凸显了出来，它一跃而"咽喉吴越，势雄江海"，成为帝国地理上的一个重要枢纽，进而极大地促进了其经济的繁荣和人口的增加。

据史载，609年（大业五年）曾进行过一次全国性的人口普查，杭州的户数有15380户，以每户4人计算，总人口约6.1万人，已然是一个中型城市。

隋灭唐兴，华夏帝国的声望达到了巅峰。

---

[1] 今镇江。

[2] 今常州。

杭州隶属江南东道管辖（治所在苏州），日常生活自然也平和安详。据吴自牧的《梦粱录》记录：杭州在贞观年间（627年～649年），人口已增加到30571户，到了开元年间（713年～741年）时，又翻一番增至86258户，约34万人口，成了一个东南名郡。

至今我的家仍住在武林门的运河边，每当傍晚，去河畔散步，可见岸石整洁，五步一柳。十多年前，运河的水到了涨潮期还有点臭味，这些年已经完全没有了。今天在河边散步游玩的人们，已经很难想象，眼前的这条河流在当年对于帝国和杭州的意义。

黄仁宇在《明代的漕运》一书中，对大运河有段很精简的论述：

> 中央政府是否能成功地统治全国，依赖于是否能够有效地利用长江下游的经济资源，是否能够将这一地区的物资迅速通过运河运输到首都通常所在的华北地区。……王朝的兴衰，都反映在运河的实际情况上。……唐宋以来，大多数重要的政治事件和军事行动，都发生在南北大运河的沿线地区。

再形象一点的描述是，中华文明的钟摆原本是东西摇摆，自大运河开通后，改成了南北摇摆。而杭州就成了这个大钟摆的南部节点。

运河对杭州的第一个也是最显著的改造，是城市的功能

1 运河边正在晒染布的染坊

如果没有运河，就没有杭州

在有城墙的年代，杭州有十个城门，其中五个有水门，城内河流纵横交错，是最主要的交通方式，如今的很多主干马路，都是把当年河流填埋之后形成的。大运河把江南各地的物资源源不断地吸引过来，让这座城市成为帝国贸易的一个重要节点。当时的人家有一艘船，如同现在有一辆车，是出行和做生意的必备工具。运河的水常年浑浊不清，到了盛夏更是泛发出难闻的臭味，沿岸人家把排泄物和剩饭残菜任意地倾倒到河里，河边的数百家染坊、酱坊更是严重地污染着水体。尽管如此，在一千多年里，它一直是杭州的生命之河和财富之河，肮脏、繁乱却又生生不息。

2 京杭大运河上的拱宸桥
3 搭建在船上的浮桥
4 运河上的乌篷船与岸边的商铺

5 货船沿着翻坝滑入河道。遇到河道之间有高低落差时，需要靠人力拉船进行翻坝

6 运往松木场的木材和毛竹

7 杭州运河住家船上的一对孩子（图1-7这组运河老照片均为甘博拍摄，屈皓提供）

8 20 世纪 80 年代初，杭州炼油厂后面的运河。（吴国方拍摄）
9 2021 年的小河直街
10 2021 年运河边的小茶馆（图 9–10 由吴晓波拍摄）

和格局。城内出现了十多个以桥梁为中心的商埠区，比如拱宸桥、大关、小河、湖墅、观音关和七贤弄等。商埠区是否繁华热闹，只要看桥的高度就可以了，桥越高，说明通过的船只越大，货运量自然越多。迄今还在的拱宸桥是杭州城里最高最长的石拱桥，桥长98米，高16米，两端桥埠宽12.2米，它被认为是京杭大运河的最南端标志。看到它，就意味着杭州到了。

有河有桥就会有船。因为货物和功能的不同，就有了运粮船、运木船、运盐船、运沙船，以及烧香船、戏班船、迎亲船、丧葬船和收破烂的敲梆船。

船民在当年是一个很特殊的社群，杭州有谚语，"天下第一苦——摇船、打铁、磨豆腐"。船民有自己的行业组织，叫"排会"，领头的叫"总排头"。还有自己极其封闭而隐秘的宗教信仰，叫"罗教"（明代由一个叫罗梦鸿的人所创立），最盛时，杭州运河两岸有七十多个罗教庵堂。杭州罗教在明清时势力很大，总庵堂就在拱宸桥附近，上海开埠后，很多罗教船民赴沪谋生，就有了那里的青帮。

北宋时期，因为西北被夏占据，通往西域的丝绸之路断绝，朝廷就在南方的广州和杭州分别设立了市舶司，从事海外贸易，是为"海上丝绸之路"。中土的丝绸、陶瓷、笔砚和茶叶等货物在杭州集中查检后，通过宁波港发运到日本和朝鲜等国家。而外商则在杭州设立"蕃坊"，进行种种的交易活动。自此，杭州成了一个国际性的商业城市。北宋时期的外贸交易量有多大，已经没有数据可考了，但从南宋中央政府的税赋收入来看，最高时居然占到了总收入的15%，可见这笔买卖对帝国经济的重要性。

　　人货两旺，自然又催生了"运河文化"。今日杭州的很多语言和习俗仍然带有很浓烈的运河特征。比如杭州人盛饭时不说"盛（chéng）"，而说"添"，因为"盛"与"沉"谐音，不吉利。当年运河人家嫁女儿，先上花轿再坐花船，到了河埠头上岸的时候，父亲背新娘子上岸，左邻右舍的孩子们提着水桶上去迎亲，男方就要大发红包，现在老杭州人还把新婚红包叫作"讨水包"。至于每年的端午，运河上就会赛龙舟，中元节则会在运河里放河灯，而到了农历七月三十日的地藏王菩萨生日，人们又会在家门前的河边插上三支香。

　　当我写到这些陈年细节的时候，心里正飘过一丝淡淡的忧伤。它们都已经成为文字，而不再是日常生活的一部分。

　　如果说西湖很文雅，投影了中国士大夫们与大自然"风烟俱净"的恬静共处，那么，运河就很世俗，世俗到很远就能闻到河床上的鱼腥和船民的汗臭。因而，古来无数人为西湖写下了像湖水那么多的诗赋词文，而对这条喧嚣非凡的大运河则视而不见，几乎没有留下任何有点意思的东西，诗词更是很难找到。这样的不公平，你很难找人去说理，它是中国文化骨子里的"鄙视链"。

　　杭州因运河而兴，也一度因运河而衰。1900年之后，铁路兴起，传统的漕运迅速衰落，京杭大运河两岸的很多商埠重镇——临清、扬州、镇江等，永远地告别了自己的高光岁月。运河对于杭州的经济意义也渐渐地消淡，它变成了一个文化符号，只存在于记忆、照片、爬着青藤的旧街巷和若干个老杭州词汇里。

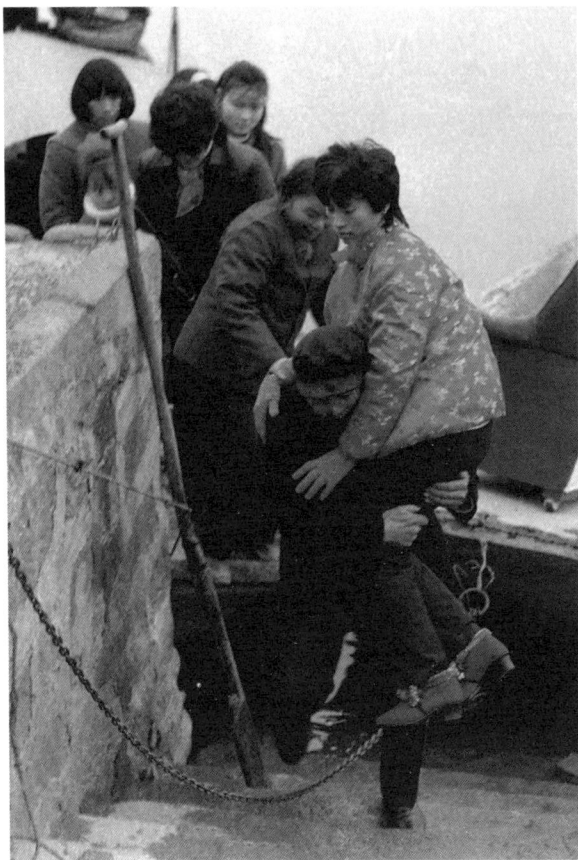

11 运河背婚（谢伟洪拍摄）

05 白居易来了

刺史站在西湖边的一棵大松树下，抬头仰视，只见茂盛的针枝之间，有一个茅草窝，一个大和尚盘坐其上，冥想不语，摇摇欲坠。

刺史喊道："树高枝危，大和尚还是下来吧。"

树上的和尚闻言哼哼一笑："刺史大人，你现在的处境比我不知道要危险多少。"

刺史不解。大和尚说："朝堂上的钩心斗角，大人有哪一场是安然度过的？"

刺史辩解说："我可以读书修炼，让自己的心安宁。"

大和尚冷笑道："薪火不停，识性交攻，安得不危？"

树下的人悚然一惊，若有所悟。

这番对话的时间是822年（唐长庆二年），地点在西湖东北的葛岭山麓下，即现在的香格里拉酒店附近。对话的两人，松树上的是鸟窠禅师，他已在那个草窝里打坐了40年，现在看来，很像一位行为艺术家。

树下的人，是新任杭州刺史白居易。

755年（天宝十四年），在没有任何预兆的情况下，安史之乱爆发，盛唐中断，狼藉遍地，美景不再。这场历时八年的战乱给中国北方带来了毁灭性的灾难。在汹汹铁蹄之下，"数百里州县，皆为废墟"。

幸运的是，杭州居然侥幸地躲过了战事，原因还是它在军事上太不重要了。反正谁当皇帝，它都是一个乖乖的钱袋子。

有唐一代，当过杭州刺史的共有99个人，其中大多数籍籍无名。有两位刺史则在建城史上无法绕过去，一是李泌，一是白居易，而他们的治杭时间都在安史之乱以后的中晚唐。

在当年，李泌的名望比白居易大出很多。他出身世家，唐德宗时入朝拜相，与北方诸族达成"贞元之盟"，保证了帝国政局的稳定，康熙帝曾选评历代41位功臣配祠帝王庙，李泌即为其中之一。李泌来杭州当了两年刺史，是他入朝为相前最后一次出任地方长官。

李泌到任后发现，杭州户数已经将近十万，但是，饮用水成了一个极大的城市公共难题。与济南、苏州等城市不同，杭州地下并无丰富的泉源，尤其是江滩冲击而成的平原地城，水质盐卤化，"水泉咸苦"，日常取水成了百姓最头痛的事情。

于是，李泌决定在城内开井引水。

李泌开井用的是"暗渠引水法"，类似今天的自来水管道系统。它由入水口、地下沟管、出水口三部分组成，其实是建一个大的蓄水池。施工者先在西湖东湖底疏浚开挖入水口，有

1 1998 年，天香楼与相国井。照片左侧梧桐树下，一位市民正站在相国井边打水。（吴国方拍摄）

的还装上水闸，然后，在城内百姓聚集处开挖蓄水池，两头之间开挖深沟，埋设竹制筒管作为涵洞，联通入水与出水口。

依照这个办法，李泌在城内各处开井六个，建成了一个极富创意的城市给水系统，杭州城从此解决了饮水问题。后来，另一位著名的杭州治理者苏轼在《杭州乞度牒开西湖状》中评价说：

> 杭之为州，本江海故地，水泉咸苦，居民零落。
> 自唐李泌始引湖水作六井，然后民足于水，井邑日富，

百万生聚，待此而后食。

李泌所开六井，分别被定名为方井、小方井、白龟井、金牛池、西井和相国井。近代之后，它们完成使命，或废或填。为了纪念李泌，人们将井亭桥的相国井原址保留，迄今仍可观瞻。

在李泌离任的三十多年后，822年，白居易来了。

此时的白居易已经50岁了，他因一曲《长恨歌》名满天下，不过在宦场却好像已走到了尽头。他的官职是知制诰和主客郎中，替皇帝起草诏书和接待一些外藩使者，官级只有六品。外放杭州，很像是退休前的一次"放假式安排"，他自己的心里恐怕也是这么想的，所以，他在那首临别长安好友的诗里这样写的：

> 杭州五千里，往若投渊鱼。
> 虽未脱簪组，且来泛江湖。

杭州的江湖风景，似乎大大地治愈了这颗不得志的中年人的心。白居易在杭州为官两年多，到824年，长庆四年三月离去，此生再未复归。他一生作诗约3000首，其中与杭州山水有关的多达200首，其中的吟咏杰作，奠定了西湖在中国文化史上的坐标性地位。

当时杭州城外西面的那片湖水，官方文牒中的名称为钱塘湖，是白居易第一次在诗歌中以"西湖"称之。在这个意义上，他是"西湖"的定名人和重新发现者。

一千多年后的今日，驻足西湖之畔的人们，仍然会情不自禁地吟起这些在小时候就会背诵的诗歌，而眼前的所见景致，大抵可以一一对应。

钱塘湖春行

孤山寺北贾亭西，水面初平云脚低。

几处早莺争暖树，谁家新燕啄春泥。

乱花渐欲迷人眼，浅草才能没马蹄。

最爱湖东行不足，绿杨阴里白沙堤。

春题湖上

湖上春来似画图，乱峰围绕水平铺。

松排山面千重翠，月点波心一颗珠。

碧毯线头抽早稻，青罗裙带展新蒲。

未能抛得杭州去，一半勾留是此湖。

西湖晚归回望孤山寺赠诸客

柳湖松岛莲花寺，晚动归桡出道场。

卢橘子低山雨重，栟榈叶战水风凉。

烟波澹荡摇空碧，楼殿参差倚夕阳。

到岸请君回首望，蓬莱宫在海中央。

除了流连西湖，痴迷佛学的白居易拜鸟窠禅师为业师，经常随之参禅。他还对灵隐情有独钟，曾在一年多的时间里，十二次到天竺山中游玩。在《留题天竺灵隐两寺》中，他

2［清］，《西湖四十景》，从左往右，依次描绘的景致为曲院风荷、平湖秋月、杏花春馆、蓬莱瑶台。（视觉中国提供）

写道：

> 在郡六百日，入山十二回。
>
> 宿因月桂落，醉为海榴开。

灵隐寺与飞来峰之间有一条溪流，常年冷澈如玉，白居易把它称为冷泉，并在其上筑一凉亭，专题"冷泉"两字。两百多年后，苏东坡至此，再添了一个"亭"。白苏合璧，仅此一处。

所谓"景由情催，情由心生"，任何一派自然美景，若没有文化元素的点化，也许并不能引发人们由衷的情感响应。杭州城外的这片湖水，放置在广袤的长江及珠江中下游一线，其自然风貌并未到达独绝卓然的地步。然而，正是有了白居易以

及日后的苏东坡等人的文学描述，才让它散发出源于自然，却又超越自然的人文之美，从而成为天下第一名湖。

　　白居易写诗才华横溢，为人天真正直，那两年的刺史岁月，他并不总是在游山玩水。在行政州务上，他也是殚精竭虑，其中最重要的贡献是疏浚西湖，构筑新堤。

　　当时的西湖，堤浅水溢，漫延无度。每逢大旱，水浅无法灌溉农田，湖畔之苗尽皆旱死，逢到大雨，又水涨汹涌，湖畔之苗尽皆淹死。诗人笔下的美景，却是百姓口中的"水害"。白居易计划修一条堤防，平日蓄水，以备旱时，暴雨之日，则开闸放水，以减灾害。

　　不料，这个动议居然遭到同僚们的集体抵触，理由是：修堤蓄水会影响湖中的茭菱生长，更会惊动"鱼龙水脉"，将大

3 2021年的杭城与西湖，宛如油画。（杭州投资促进局提供）

大地不利于官员的前途。[1]

　　白居易的回答很坚决："且鱼龙与生民之命孰急？茭菱与稻粱之利孰多？断可知矣。"意思就是：龙王的喜怒和官员的前途要紧，还是百姓的生计要紧？湖里的茭菱与田里的粮食相比，哪个更有价值？

　　我记得少时读唐诗，李、杜、白三人的性格就在他们各自的文字里。李白浪漫飘逸，寻常一块大石头可以被他写成仙境之物；杜甫多情深沉，整天皱着眉头，心里灌满了悲凉的风；

---

[1] 后来吴越时，朝廷封钱塘湖的龙君为"广润龙王"，建嘉泽庙，一年春秋祭祀祈雨。近世疏浚治理时，还挖出了几枚钱王的"投龙简"。

而白居易则明快细致，懂得将心比心，更像一个正常人。从他在杭州办政务就可以发现，他的确有板有眼、算账清晰。

白居易主持修筑的长堤，把西湖一分为二，堤内是上湖，堤外为下湖。上湖蓄水，并建水闸。如此一来，既可防洪水淹没湖下农田，又可以蓄水，酌情泄流，灌溉农田。他还立下规定，大旱之日，百姓可以越过县乡两级，直接到州衙要求放水，以免被烦琐的文牒往来耽误大事。[1]

长堤既成，白居易写了一篇《钱塘湖石记》，刻石立于湖

---

[1]《钱唐湖石记》记载："若岁旱，百姓请水，须令经州陈状，刺史自便押帖，所由即日与水。若待状入司，符下县，县帖乡，乡差所由，动经旬日，虽得水而旱田苗无所及也。"白居易：《白居易文集校注》，中华书局 2011 年版。

4　20 世纪 10 年代的冷泉亭，到今天几乎没有改变。（甘博拍摄，屈皓提供）

5　1985 年，站在宝石山上看雪后的西湖与白堤。（吴国方拍摄）

边。据考证，白公所筑之堤，在钱塘门外，自东往西，经昭庆寺（今天的少年宫）前，直至宝石山麓。后世，此堤与内陆相连，不复存在。人们便把附近的白沙堤定名为白堤。

《唐语林》还记载了一则让杭州人十分感怀的细节：

白居易结束任期离开杭州的时候，拿出俸钱的大部分留给官库，后来继任者治湖如果经费不足，可以随时调用。这个传统居然被他的后任者们继承，一直延续了五十多年，直到黄巢攻陷杭州，这个"刺史治湖基金"才被迫中止了。[1]

白居易离杭后，一直对兹念念不忘，那两年应该是他一生最为惬意和有成就感的日子。他曾写《杭州回舫》，说自己从此之后不爱喝酒，懒得写诗，人生了无情趣，而这样的相思之情，一定要让西湖知道——

自别钱塘山水后，不多饮酒懒吟诗。
欲将此意凭回棹，报与西湖风月知。

838年（开成三年），66岁的白居易闲居洛阳。突一日，又开始思念千里外的那片山水和那座城池。

江南好，风景旧曾谙，
日出江花红胜火，春来江水绿如蓝。
能不忆江南？

---

[1]《唐语林》："及罢，俸钱多留守库，继守者公用不足，则假而复填，如是五十余年，及黄巢至郡，文籍多焚烧，其俸遂亡。"陈友琴：《白居易资料汇编》，中华书局1962年版。

江南忆,最忆是杭州。

山寺月中寻桂子,郡亭枕上看潮头。

何日更重游?

　　读到这两首诗的人很少有知道的,此时的老诗人眼疾严重,已经近乎半盲,不过在他悠远的记忆中,江南却是那么的色彩流溢。八年后,白居易去世。"念念不忘,必有回响",回响已不在今世,而在千秋万载之后的人间民心和西湖山水的风月之中。

06 第一次当都城

"山东出了一支草军，已经攻陷曹州[1]，不久可能南下，杭州该如何保全？"这是875年（唐乾符二年）的一个秋夜，石镜镇[2]的守将董昌召来一位23岁的当地青年，忧心忡忡地对酒夜话。

安史之乱以后，中央羸弱，各地军阀割据。这一年，山东、河南大旱，王仙芝、黄巢率饥民起事，号称草军，唐王朝的丧钟敲响了。

董昌找来的青年名叫钱镠，平日喜欢耍刀舞槊，在淮北贩过私盐，是一个有头脑的孔武之人。据说他出生时相貌奇丑，年轻的父亲把他扔到后院的井里，祖母不忍而抱回，因而有个小名叫"婆留"。钱镠向董昌提议，不妨到四乡八镇招募乡兵，以求自保。

---

[1] 属于今山东菏泽市。
[2] 属于今浙江临安区东南。

董昌和钱镠募来的这支农民兵，就叫"八都兵"[1]。它先是平定了浙西和安徽一些叛乱。879年（乾符六年），黄巢军果然进袭杭州，钱镠率子弟拼死抵抗，击退来犯。董昌因功当上了杭州刺史，钱镠被封为都知兵马使。

再后来，董昌擅自称帝，钱镠拥军杀之。907年（天佑四年），黄巢旧将朱温灭唐建梁，历史再次进入一个大分裂时期，在短短的七十多年里，先后出现了十多个王朝，史称五代十国。

朱温称帝之后，拿着王爵笼络各地桀骜不驯的节度使，他把东南一片当作顺水人情割给了钱镠，封吴越王。923年，钱镠在杭州设置百官，建吴越国，下辖十四州，统治范围为今天的浙江全境、苏南的苏州、上海和福建东北部的福州市。

自公元前222年秦设钱唐县之后，沧海桑田间，一个蕞尔小城已俨然成长为"灯火家家市，笙歌处处楼"的东南大郡，并终于迎来了它的第一个都城时代。

吴越建国，第一等大事，就是营造新的杭州城了。

自杨素在凤凰山麓造城之后，杭州的城区规模一直没有更新，而这数百年间，杭州的人口从几千户增加到十万户，区区"周十里"的小城早已无法容纳。钱镠把旧城区改造为"子城"（内城），为王宫、官衙及官员府邸的聚居地，是行政中心。以此为圆点，新建了周长约七十里的"罗城"（外城）。它的范围南抵钱塘江，北达武林门，西濒西湖，东至菜市河[2]，

---

[1] "都"是唐代的一级行政名称，类似今日的镇，"八都兵"即杭州附近的八镇乡兵。

[2] 今东河。

有十二座城门。在形状上，中部窄，南北长，民间就把它称为"腰鼓城"。为了解决新城的饮水，钱镠效法李泌，凿井九十九口，又引西湖水入城为"涌金池"，迄今有遗迹百井坊和涌金门。

据《杭州罗城记》记载，钱镠动员了十三州约20万民工，几乎是倾全国之力而建杭州城。因工程浩大，一时也有民怨泛起，钱镠对部僚们说：

> 千百年后，知我者以此城，罪我者亦以此城。苟得之于人而损之己者，吾无愧欤！

罗城的建成，奠定了此后一千年杭州城的基本格局。

与此同时，为了解决钱塘江的"潮患"，钱镠修筑"捍海石塘"。

杭城临江而建，每当大潮来袭，往往会灌入城内。钱镠修的这道新海塘位于今六和塔至艮山门一带。他弃用传统的"版筑法"而用"石囤木桩法"，就是把大石块装入竹笼，层层码放，堆成海塘，再在其前后打上木桩，最后在迎潮面放置大石块。

此法十分坚固，一劳永逸，在古代海塘史上也是一个发明。钱镠曾自作《筑塘》一诗记之：

> 天分浙水应东溟，日夜波涛不暂停。
> 千尺巨堤冲欲裂，万人力御势须平。

每年农历八月十五的时候，大潮最为汹涌，钱镠便在这时举行"射潮"仪式，数千军士张弓开弩，逆潮而射，以示勇武。

钱氏的"独立王国"存续了七十余年，凡三代五王。其间正值乱世，杀戮攻伐是寻常之事，中国史书上最混乱和残忍的年代就是分裂的南北朝和五代十国时期。而钱镠坚持"偏安"国策，遇强示弱，友好周边，居然保全了江南的半壁太平。978年，宋太祖赵匡胤灭南唐李煜，兵锋直指吴越，钱镠的孙子钱弘俶"纳土归宋"，让杭州和苏州避免了一场似难逃脱的战祸。

半世避战，自然带来经济的繁荣。华夏的器物风华，从来鼎盛于北方，晋唐之后，日渐南移，到了吴越一代，江南的手工技艺已经自成风格。其中值得一说的是丝绸和瓷器。

杭州自隋之后，遍植桑麻，到了钱镠建国，他把蚕织立为最重要的民生产业，钱镠把自己的政策总结为：

世方喋血以事干戈，我且闭关而修蚕织。

吴越国在杭州专设了一家官营的丝织作坊，有锦工三百人，专门生产高级的丝织物，以朝贡上国。杭织以质地轻薄和图案新颖为特色，产量更是非常惊人，仅钱弘俶一朝就曾进贡了"锦绮二十八万余匹，色绢七十九万七千余匹"，多到连赵匡胤都不好意思了，戏说："这都是我家里的东西，干吗献来

1 钱镠绣像　　　　　　　　2 钱王射潮（图1-2由钱登科提供）

这么多呀？"[1]

在史书中，吴越丝织物有"金条纱""吴越异文绫""色绫""绢""绵"等品类，迄今大多已不见实物。而一个可以肯定的事实是，钱镠大力发展丝织业，为杭州日后成为"丝绸之府"打下了基础。

吴越国的陶瓷业以"越窑"著名，其色釉晶莹如青玉，其中的精品称"秘色瓷"，是日后风靡天下的青瓷官窑的前身。陆龟蒙有诗描述：

九秋风露越窑开，夺得千峰翠色来。

---

[1]《新五代史·吴越世家》："太祖曰：'此吾帑中物尔，何用献为！'"

钱镠筑塘之后，杭州湾航路畅通，"舟楫辐辏，望之不见其首尾"。吴越国设"博易务"衙门，从事与日本、高丽[1]等国的海外贸易，其中，杭织和越瓷便是最受欢迎的商品。《旧五代史》记载，吴越国"航海所入，岁贡百万"。这些中土美物到了东瀛，一时间，"叫卖声传内库官，蜂拥总角各争先"。[2]

钱镠崇佛，在他的治下，杭州城佛事大盛。

现代学者汤用彤曾说，"隋唐以后，外援既失，内部就衰"，佛教仅存躯壳，"五代之世实六朝以来佛法极衰之候"。[3]而在佛脉微弱之际，吴越诸王以杭州为据点，大力倡佛，使这一地区逐渐成为佛教的一大中心。

在当时，慧理创建的天竺五刹已颓废倾圮。钱镠在下天竺寺的旧址兴建五百罗汉院。钱弘俶主政时期，重建灵隐寺，经扩建，有九楼十八阁，七十二殿，共计一千三百余间佛堂僧舍，加以四面围廊，自山门绕至方丈，左右相通。灵隐寺因而中兴。

其他著名的寺庙还包括：西湖南山的净慈寺、九溪的理安寺、赤山埠的六通寺、灵峰的灵峰寺、南高峰的荣国寺、天竺山的上天竺寺、紫阳山的宝成寺、月轮山的开化寺，以及海会寺、昭庆寺、玛瑙寺、清涟寺等。数十年间，杭州境内兴建了150多座寺院与数十座塔幢，从此号称"东南佛国"。

现在城内最著名的三塔——雷峰塔、六和塔和保俶塔，都

---

[1] 今朝鲜。

[2] [日] 木宫泰彦，胡锡年译：《中日文化交流史》，商务印书馆 1980 年版。

[3] 汤用彤：《五代宋元明佛教事略》，《隋唐佛教史稿》，中华书局 1982 年版。

3 千古名刹昭庆寺,一座消失在杭州人记忆中的寺庙。始建于五代时期,寺中的戒坛被称为"中国三大戒坛"之一。可惜寺庙屡建屡毁,最后一次失火于 1929 年,当时昭庆寺作为西湖博览会的烟花存放处,毁于火灾。如今这里被改建成青少年宫广场。(甘博拍摄,沈弘提供)

是吴越时期的遗物。其中，高近百米的六和塔雄镇江畔，成为
杭州的地标。雷峰塔与保俶塔对峙西湖两岸，一个沉稳厚重，
一个秀奇玲珑，后人形容曰："雷峰如老衲，保俶如美人。"

中原战乱，而钱氏奉佛，吸引了各地高僧纷纷南下杭城，
延寿、义寂、德韶等禅师常年在此宣法。禅宗"一花五叶"
（沩仰、临济、曹洞、云门、法眼），其中，法眼宗的开派宗
师文益便是杭州人氏。

五代大诗僧贯休云游江南，目睹了当时的民生景象，他写
农家采桑养蚕：

> 尝闻养蚕妇，未晓上桑树。
>
> 下树畏蚕饥，儿啼亦不顾。
>
> 一春膏血尽，岂止应王赋。
>
> 如何酷吏酷，尽为搜将去。

这首诗的描写很是真实，既写了养蚕农妇的辛勤劳作，
也记下了官府酷吏的无情剥夺，盛世如梦，未必人人尽如其
意。为了求见钱王，贯休还很用心思地写了一首七律《献钱
尚父》：

> 贵逼人来不自由，龙骧凤翥势难收。
>
> 满堂花醉三千客，一剑霜寒十四州。
>
> 鼓角揭天嘉气冷，风涛动地海山秋。
>
> 东南永作金天柱，谁羡当时万户侯。

4 从西往东眺望六和塔

5 北里湖和宝石山上的保俶塔（图4—5 由甘博拍摄，屈皓提供）

6 还未倒塌的老雷峰塔与西方游客（视觉中国提供）

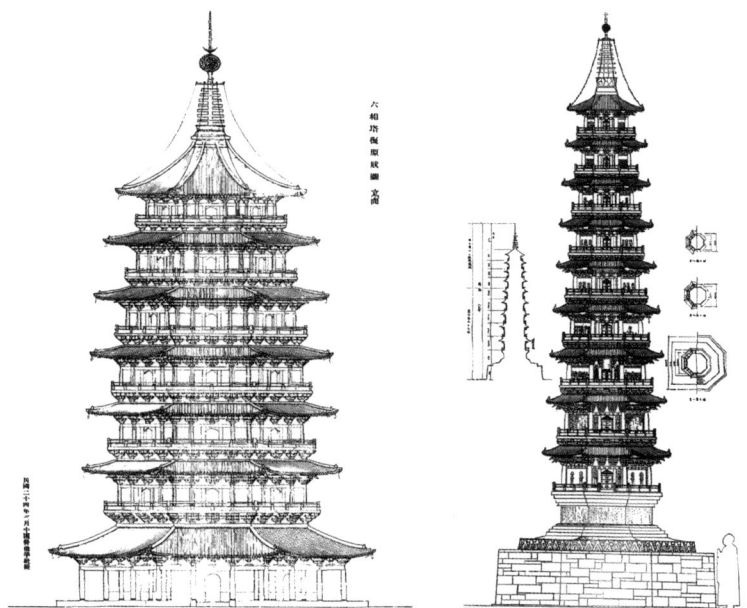

7 梁思成绘制的六和塔（左）和闸口白塔（右）复原图。1934 年，他与林徽因到杭州考察古代建筑，对吴越佛塔的营造技艺十分推崇。林徽因出生于杭州，当年住在清波门内的陆官巷，今天，这条小巷已被拆除。（资料图片）

　　钱镠甚喜此诗，尤其是"满堂花醉三千客，一剑霜寒十四州"一联，不过，他提了个"小小"的要求，说能不能把"十四州"改成"四十州"。贯休吟诗四句断然拒绝，其中两句是："不羡荣华不惧威，添州改字总难依。"钱大王哈哈一笑，也便作罢。

　　在中国的帝王谱系中，钱镠家族是一个极不起眼的存在。它所在的五代十国时代，以中原的梁、唐、晋、汉、周为五个正朔，吴越仅为十国之一，因为它没有称过帝。有趣的是，正朔五朝没有一个立国的时间超过吴越。在极盛的时候，钱王坐拥天下一半的财柄和十四州雄兵，却没有一份争雄天下的勇气，相比跟他同一年出生的朱温以及李克用、李茂贞等枭雄，善舞大槊的钱镠实在是懦弱得很，他除了每年射一下潮，箭锋从来不敢指向北方。

甚至在赵宋南下伐李唐时，钱吴不但不助近邻，还派兵协助灭唐，最后唇亡齿寒，纳土归宋。这些奇葩操作，在正统史家的笔下，也是颇有不屑。

不过，换一个角度看，钱家有两个同代人绝没有的功绩。其一，他们以偏安的姿态力保江南的半世平安，在中原频频发生"人相食"惨剧的时候，这里却是歌舞升平，民生安逸。其二，吴越的王位先传弟，再传子，五轮传承没有发生过一次手足相残的流血事件。钱家后来成为江南的千年望族，名士人才辈出，直到近世还出了钱穆、钱学森和钱伟长等。

钱镠的家乡就在杭城郊外，每逢节庆，他的家人们便会回乡省亲。他也经常回到故里，与儿时的玩伴们醉酒相欢，喝高的时候，还站在那里仰着脖子唱一首自编的山歌：

> 尔辈见侬底欢喜，别是一般滋味。
> 子长在我侬心底里。

想当年，汉高祖刘邦同样是回老家，唱的可是：

> 大风起兮云飞扬，
> 威加海内兮归故乡，
> 安得猛士兮守四方。

相比之下，后者是豪情万丈，前者是满心欢喜。钱镠的大丈夫雄心实在是被江南的风给吹软了。春秋史笔，在铁血称霸与平安求生之中左撇右捺，看你愿意听哪一声叹息。

有一年，钱镠的一位妃子在乡下久留不归，他便写了一个帖子让人送去，情长纸薄，只寥寥九字：

陌上花开，可缓缓归矣。

07 一位"前世"的杭州人

"苏子瞻要来了。"1071年（北宋熙宁四年）的夏天，在杭州城的士人圈子里，这个消息不胫而走，如一声蝉鸣拂动了西湖边的每一条柳枝。

四川眉山人苏轼的文声在当时已经很大。他20岁时参加礼部考试，主考官欧阳修赞叹"老夫当退让此人，使之出人头地"。神宗熙宁年间，王安石变法，苏轼上书提了一堆意见，执拗的王相公脸色很不好看，苏轼自觉无趣，便自请出京外放，到杭州来当通判。

苏轼来杭州的时候，北宋立国已逾百年，史家陈寅恪说："华夏民族之文化，历数千载之演进，造极于赵宋之世。"中国古代的"四大发明"，除了造纸术，其余三项——指南针、火药、活字印刷术，均出现于宋代。

在产业经济上，水稻的引进让南方对北方的优势进一步扩大。

水稻原产于亚洲热带地区，五代及宋代初期，香巴王国[1]的占城稻被广泛引入长江流域，它一年可有两熟甚至三熟，而且产量比一年一熟的小麦要高一倍，从而引发了一场"粮食革命"。自水稻被广泛引进之后，适合种植的江南地区终于确立了经济中心的地位，"苏湖熟，天下足"这一谚语就诞生于这一时期。

杭州与苏州，并为江南双璧。而从人口和赋税看，当时的杭州似乎压过苏州一头。据元丰年间（1078年～1085年）的人口普查，杭州府的户籍数为16.4万，流动户数为3.9万，总人口已近百万。同期，苏州府的户籍数为15.9万，流动户数为1.5万。每年缴纳的商税，杭州为8.2万贯，苏州为5.1万贯。[2]

杭州被誉为"东南第一州"，这个"名号"不是来自民间，而是宋仁宗赵祯的一首小诗，《赐梅挚知杭州》，其中四句是：

地有湖山美，东南第一州。

剖符宣政化，持橐辍才流。

1002年，18岁的武夷山少年柳永北上赶考，途经杭州。大山里的书生哪里见过此等美景繁华，脑袋一热，写下千古名词《望海潮》：

东南形胜，三吴都会，钱塘自古繁华。烟柳画桥，

---

1 今越南境内。

2 ［北宋］王存，《元丰九域志》。

风帘翠幕，参差十万人家。云树绕堤沙，怒涛卷霜雪，天堑无涯。市列珠玑，户盈罗绮，竞豪奢。

重湖叠𪩘清嘉，有三秋桂子，十里荷花。羌管弄晴，菱歌泛夜，嬉嬉钓叟莲娃。千骑拥高牙。乘醉听箫鼓，吟赏烟霞。异日图将好景，归去凤池夸。

在杭州当地，近世最出名的诗人是林和靖。

他是浙东的奉化人，性情恬淡，一生不涉科举，40岁后隐居杭州。他在西湖边的孤山上筑了一个草舍，终身未娶，养了几只鹤，遍植梅花，人称"梅妻鹤子"。平日里，他放舟湖上，如果有客来访，门童就会纵鹤放飞，他见鹤必棹舟而归。

据说林和靖吟诗随写随弃，却也留了300多首下来，最为出名就是《山园小梅》：

> 众芳摇落独暄妍，占尽风情向小园。
> 疏影横斜水清浅，暗香浮动月黄昏。
> 霜禽欲下先偷眼，粉蝶如知合断魂。
> 幸有微吟可相狎，不须檀板共金樽。

其中的颈联"疏影横斜水清浅，暗香浮动月黄昏"，清淡如画，意境宛然，千古咏梅，无出其右。西湖如一轴长长的画卷，白居易是开卷勾勒之人，而林和靖则洒下了一笔大写意的泼墨。

苏轼到杭州时，林和靖已经过世四十余年。不知是什么因缘，他得到了一张林和靖的《自书诗》字帖，上有林氏的五首咏西湖诗，苏轼爱不释手，在卷尾留下了一首《书和靖林处士诗后》，其中四句是：

> 先生可是绝俗人，神清骨冷无由俗。
> 我不识君曾梦见，眸子瞭然光可烛。

诗人对前辈的向往之意，跃然纸上。这幅字帖居然流传了下来，今藏故宫博物院。

通判是一方州府的副职，掌管粮运、家田、水利和诉讼等事项。苏轼此番在杭州任职三年，到底干了些什么政务，没有太多的记载。估计他放逐南下，心意不平，更多的时间是在游山玩水。对于杭州而言，这却是一个意外的福祉。

西湖北岸的昭庆寺旁，有一个望湖楼，苏轼经常前去喝酒，留下了一首《六月二十七日望湖楼醉书》：

> 黑云翻墨未遮山，白雨跳珠乱入船。
> 卷地风来忽吹散，望湖楼下水如天。

又有一回，苏轼邀客在湖中泛舟饮酒，晴朗的天空突然下起了一阵小雨，就在这么狼狈的时刻，他居然得诗《饮湖上初晴后雨二首》，其中一首是：

> 水光潋滟晴方好，山色空蒙雨亦奇。

欲把西湖比西子，淡妆浓抹总相宜。

晴雨俱好，宠辱不惊，风景与人生，皆当如是。

西湖的得名，原本的意思是它处在城外的西面。中国各大州府，被称为西湖的湖泊有数十个。唐代的白居易令杭州的这个"西湖"脱颖而出，而苏轼的这首诗，更把西湖与天下第一美人西施勾连比喻，顿时意境别开。

从此，西湖有了自己的"人设"，别称西子湖。

1074年（熙宁七年）秋天，苏轼调任密州任知州，接着是徐州、湖州，然后惹上了"乌台诗案"，差点丢了性命，再然后被贬到黄州、常州、登州。在身不由己的颠沛流离中，苏轼须发渐白，少年时那份平策天下的雄心早已"一尊还酹江月"。

而对杭州，在离去的十多年里，他竟有一份莫名的牵挂，在一封信札中，这位颇信因缘之说的诗人写道：

一岁率常四五梦至西湖上，此殆世俗所谓前缘者。

我在葛岭的半山腰租有一个办公处——静逸别墅，每次车子弯进山，都会见到旁边有一个黄色的山门，上书"智果禅寺"四字。这些年，我从来没有动过进去看一眼的念头，直到此次写书，突然发现了一个与苏东坡有关的轶事：

东坡被贬到黄州，有一夜又梦见了西湖，梦到自己与好友参寥和尚在谈禅赋诗，睡醒后，居然还依稀记得梦中写的两

好春重來西湖曲不愛山青與水綠所
愛別館迫林家步遠塵樹玉設云
處士今在否我知斯人未免俗新白先
生遺墨妙日親不厭緇以燭五詩神合
暗香句清峭雄渾每不足令東坡挍
下風健筆臧箴詎豐崗馬邑死後良史
無牽色湖光皆實錄即景合壁詠雙
絕和吟堂謝已人曲兩賢同歸社而祭
住紫祠偶松竹所惜潛六閏中人愚
祇亭榮素菊

乾隆丁丑二月望日題即用卷中蘇軾
書後原韻涍筆

書和靖林處士詩後　蘇軾

吳儂生長湖山曲呼吸湖光飲山
綠不論世外隱君子傭兒賄婦皆
冰玉先生可是絕俗人神清骨冷無
曲俗我不識君曾夢見眸子瞭然

1 ［宋］，《林逋行书自书诗卷》，苏东坡与林和靖的诗卷（故宫博物院提供）

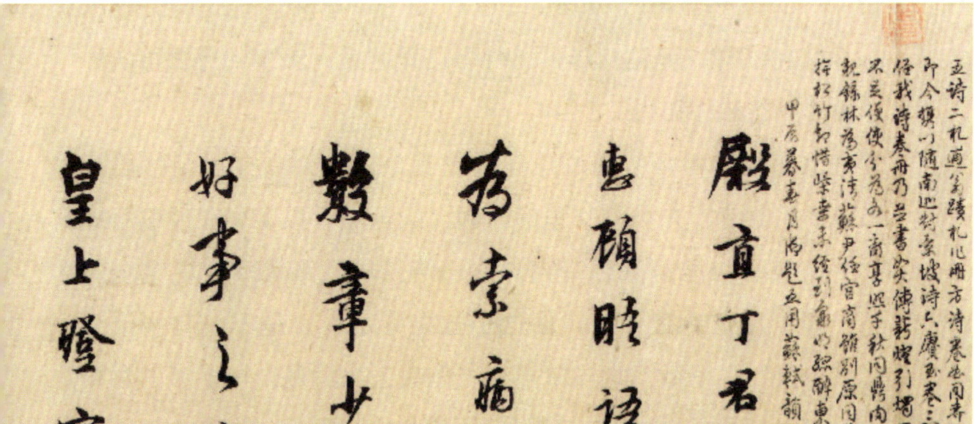

五詩二札通在蹊札此冊方詩卷忽因壽石樂巖上素辟合錄聯兩絡絲
所今摸小随南迎敕蘇坡詩六廣忍卷三玉版用七家素時浹眼非涼
俗我時素两乃出書突傳韜嘅引墻可今其合�松蘿之前冰石隨气
不美後使令意而一商喜堅子秋閂膀南縊陳穎孟淺諼重七言豈诏而
乾錄林為青淸而葉尹經官商雖別原因曲事乱昭山之陰又湏重来
拈拧竹和情墜書未絳到蠡以碸醉東韃藺
甲辰慕素月鬲題立用蘇軾韻

殿直丁君自沂適闽賦母

惠顧眸語未我且以拙詩

毀章少塞

為索瘐中援筆勉書

好事之意年時

皇上睹寶位歲夏五月

句诗：

> 寒食清明都过了，石泉槐火一时新。

1089年（元祐四年），时隔15年之后，52岁的苏轼再次外放，到杭州任知州。

一年的寒食节刚过，他前去看望老友。参寥已经移居葛岭的智果寺，东坡到那里的时候，远远地看见参寥在汲取石缝中的泉水，准备煮茗待客，这一情景居然跟黄州梦境完全的一样。他对参寥说："你这个智果寺走上去是不是有九十三级台阶？"一数，竟一阶不差。东坡大为感慨，写下《书参寥诗》，记录这个神奇的经历。他从此认定自己前生应是智果寺里的一个僧人。

你在西湖边行走，常常会发生这样的事情，一不小心踩到一则前人轶事。

> 前生我已到杭州，到处长如到旧游。
> 更欲洞霄为隐吏，一庵闲地且相留。

这是苏轼写给友人张子野的一首绝句《过旧游》，他在多首诗词里一再声称，自己上一辈子就到过杭州，很可能"前世"是个杭州人。他一生徒迁多地，在十五六个州当过行政长官，其中不乏扬州、徐州这样的古之名州，也有令他才思狂涌、写下《赤壁赋》和《水调歌头·明月几时有》的黄州、密

2 那天去智果寺数台阶，一往上走就发现，寺庙早毁，石阶纷乱断续，如同不堪回首的青苔岁月。在半山腰，有几间砖木结构的厢房，十多年前应有市民居住过，现在柱斜屋漏，估计很快就要被拆除清理了。若东坡归来，应该是找不到那一段"前世"的地方了。（吴晓波提供）

州，不过为什么，他独独一再自认是"前世杭州人"？

让我来说，答案似乎是：他在气质上与西湖"性情相投"。

林语堂写《苏东坡传》，说他这个人是"一个无可救药的乐天派"，无论顺境逆境，都能变着法子让自己快乐起来，对他来说，人间是一场体验，"活着"便是最大的意义。他好酒、爱竹、喜欢美食，在杭州还留了一道肥嘟嘟的"东坡肉"。他是一个公认的旷世大才子，却跟谁都能交个朋友，与他有过诗文往来的人居然多达一千多位，他对此很是得意，说自己"上可陪玉皇大帝，下可陪田院乞儿"，"吾眼前见天下无一个不好人"。

再来看西湖。天下美景各擅其胜，或险，或奇，或怪，或旷，或如仙境，或似鬼窟，这些特质，西湖似乎都算不上，它最大的特点其实就是两个字——舒服。站在湖畔，不管春夏秋冬，也许晴云雨雪，无论淡妆浓抹，都令你一洗尘念，无挂无碍。它的风景不会让你惊呼浩叹，却足够细细品味。人世间的万千旅者，无论是一肚子墨水的骚客，还是目不识丁的莽汉，在西湖面前，都能放松下来，产生一种由衷的陪伴感和亲近感。

这样的气质性情和境界，是不是跟苏东坡非常的类似？所谓"前世"，是今世的意念轮回，所谓"似曾相识"，是不出自主的内心感应。

苏东坡这次杭州任职，前后不到两年，却干下了一件与杭州结下不世之缘的工程，那就是疏浚西湖，修筑苏堤。

西湖水体的富营养，是千年难解的课题。湖水的底质由含有机质特别高的湖沼沉积而成，平均水深只有0.7米，最深处也不足1米。[1]因此，如果几年不加浚治，就会迅速被淤泥藻草侵占，周围农民乘机围湖造田——这种行为被称为"葑田"——湖面便越来越小。十多年前苏轼当通判的时候，西湖的葑田约占湖面十分之二三，而此次重来，葑田几乎占据了半个西湖。有官员估算，如此下去，再过二十年就没有西湖了。

也因此有人建议，索性顺其自然，把西湖填成农田算了。

在苏轼看来，这当然是断断不可以的，因为西湖就好比是杭州的眉毛和眼睛，一旦没了眉目，杭州还靠什么传情？[2]他专门给朝廷上了一份奏折《杭州乞度牒开西湖状》，从民饮、灌溉、航运、酿酒等方面，阐述西湖绝不可废，并申请财政支持，疏浚西湖。

所谓"度牒"，是官府给僧尼颁发的身份证明，据此可以免除徭役和地税，在当时是可以交易的"硬通货"。苏轼领到了一百张度牒，换得1.7万贯，再加上州府赈荒余额1万贯。用这一笔经费，他于1090年农历四月二十八日梅雨到来之际，发动治理西湖。

苏轼专门写了一首《南歌子·湖景》记录当时场景：

古岸开青葑，新渠走碧流。

会看光满万家楼。记取他年扶路入西州。

---

[1] 这一数据源自1949年的西湖水体调查报告，苏东坡时代，水深应该还不足此数。到21世纪后，西湖经大规模疏浚，平均水深达2.27米。

[2] [北宋] 苏轼，《杭州乞度牒开西湖状》："杭之有西湖，如人之有眉目，盖不可废也。"

佳节连梅雨，余生寄叶舟。

只将菱角与鸡头。更有月明千顷一时留。

苏轼在徐州任知州时，曾率民抗洪，修堤筑楼，所以对水利工程已不陌生。他征召民工，打撩葑草，挖掘湖泥，然后把挖出来的草泥沿直线堆于湖中，筑成从南山下直通栖霞岭麓的长堤，全长2.8公里，上筑六桥，分别取名"映波""锁澜""望山""压堤""东浦""跨虹"，建成之后，在堤上种植芙蓉花和杨柳树，一时望之如画图。苏轼赋诗云：

我在钱塘拓湖渌，大堤士女争昌丰。

六桥横绝天汉上，北山始与南山通。

这便是"西湖十景"之首的苏堤春晓。

这一疏浚工程历时约四个月，费工二十万，也就是平均每天约1600人在工地上。苏轼担心以后还会有人围湖造田，侵占湖面，便在湖中心立了三座瓶形石塔，以此为标，约束后世。后来，每当月圆，好事者点烛于塔心，水月交映，难分难解，成了"三潭印月"。

读到这里，你会跟我一起发现，杭州和西湖的养成，经历了一个演化的过程。

慧理注入了佛禅的基因，白居易"重新发现"了西湖，钱镠在空间上定格了杭州城，到了苏东坡的手上，则完成了一次文化符号学上的升华。他定义了西湖的"人格"，并以"苏堤

3 20世纪10年代的苏堤春晓（资料图片）

春晓"和"三潭印月"，使之风景化。

在中国文学中有几个非常关键的空间意象，它们起到了指代的功能，比如天山、玉门关、长安、东海、泰山和西湖等，这些意象在文人的叙事文本中分别指向一种达成共识的知识概念——西天的尽头、边疆、都城、东方极限、天际线和美好的江南，这是类似于基因的"语言的秘密"，一旦出现，就会引起本能的文化共鸣。

西湖在中国文化中的意义概在于此。

苏轼一生创作了453首与杭州和西湖有关的诗词，是他历任各州中数量最多的，所谓"前世因缘"，并非一时的虚词。

4 苏东坡绣像（视觉中国提供）

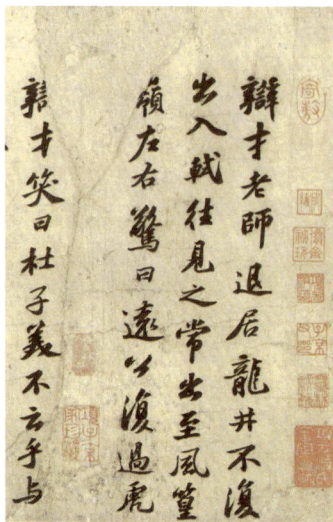

5 东坡写给辩才的诗卷局部（资料图片）

在完成疏浚工程后的第二年，苏轼就被召回，然后又是一连串的辗转跋涉，从颍州到扬州，再从定州到惠州，最远一叶孤舟到了海南岛的儋州，继而又周旋于廉州、舒州和永州，1101年（建中靖国元年）客死于常州。在滚滚红尘中，这个人一生被政治戏弄，好在他自得其乐，每到一处，要么开一块山坡，要么修一条长堤，然后用文字让后世一直不能忘记他。

就在修苏堤的那一阵子，苏轼与一位叫辩才的和尚交好，公务之余，他常常到山里去参禅吃茶。辩才的方圆庵就在龙井山麓的凤篁岭，是一个像馒头的草棚，遗迹至今犹在。

东坡回城里，辩才送至山脚边的一条小溪就止步了，他说："下面是红尘人间，大和尚我就不涉足了。"东坡便把那条溪叫"过溪"，还在上面盖了一个小亭子，起名二老亭。

几年前，我曾有朋友在凤篁岭租了一间木屋子，就在方圆庵的旁边。每到冬日下雪，我们就捧着一堆番薯和无烟炭去吃烧烤。番薯的香气、翻飞的雪花与山间的寒风交集在一起，宛若回到了没有电气的时代，如果再喝上几口带生姜丝的温热的黄酒，聊的话题就更加的云缠雾绕了。下山的时候，寒月披身，脚下踏雪的声音滋滋作响，我们就在二老亭里抖落身上的雪花，去旁边的停车场找到车子，各自回城里的家。

想想很多年前，东坡和辩才可能也干过这样的事。他们会聊些什么已经不得而知，不过那时候，杭州冬天的雪应该下得更大一些。

08 一时"临安"，一世偏安

13岁来到父亲身边之前，我寄住在宁波和绍兴的母亲亲戚家里。在宁波我学会了爬树和打架，在绍兴学会了游泳。到杭州读书后，同学给我起了一个绰号"香港佬儿"，一开始不知道什么意思，后来学会了杭州话，才明白是"乡下佬儿"的意思。杭州人调侃起人来，从不带脏字。

杭州话自称"官话"，与周边的宁波话、绍兴话大异其趣，语尾常带"儿"音，比如"姑娘儿""小伢儿""耍子儿"（玩），杭人自称"杭州佬儿"，很有点话本古韵的味道，而这一发音，与河南开封话非常类似。杭州本地的明代音韵家郎瑛就认为，杭州话跟周边各地的语音都不同，是南宋迁都之后带来的结果。[1]

另外一个很大的不同是，宁绍人爱海鲜河鲜，独独杭州人

---

[1]［明］郎瑛，《七修类稿·杭音》："城中语音好于他处，盖初皆汴人，扈宋南渡，遂家焉，故至今与汴音颇相似。"

喜欢吃面。

在中国人的饮食习惯上，"南人饭米，北人饭面"，而杭州的面食文化十分发达。在《梦粱录》中专有"面食店"一节，记载了当时临安的各色面食，有猪羊生面、丝鸡面、三鲜面、鱼桐皮面、盐煎面、笋泼肉面等二十多种做法。今天的杭州菜里，有"片儿川""猫耳朵"和鲜虾小笼包，都是很出名的特色面食。

杭州城市的市井气息特别重，喜欢追逐时尚和道听途说，当地人戏称"杭儿风"，有两个谚语说这一景象：

> 杭儿风，会撮空，好和歹，立一宗。
> 杭儿风，一把葱，花簇簇，里头空。

这都是嘲笑杭人"浮诞恶俗"的话，不过从语气和用词来看，倒很像是杭州人自己发明出来用以自嘲的。

再有一个，杭州人不好实业，特别乐于做生意。从南宋到明清，很多文人笔记说到杭州人，要么是"习俗浮泊，趋利而逐末"（南宋周淙），要么是"儇巧繁华，恶拘检而乐游旷"（明王士性），要么是"杭俗浮诞，轻誉而苟毁"（明田汝成），更绝对的，说杭州人"男子诚厚者十不二三，妇人则多以口腹为事，不习女工"（元陶宗仪）。总而言之，杭州的民风是善贾能商、追求安逸和轻浮求奢。这里是一个"销金窝儿"，不像一座被儒家圣贤"统治"的城市。

有一年，我在苏州与一位当地的学者闲聊，他突然提出了一个很有点挑衅的问题："人们都说'上有天堂，下有苏杭'，不过，自隋唐开科取士之后，一千多年里，我们苏州府出了50位状元，而你们杭州府只有15位，为什么会有这么大的差距？"

这个问题让当时的场面冷了好几分钟。杭州状元数量不但无法与苏州比，也比不上江西的吉安府（24位）、安徽的徽州府（24位）、福建的福州府（26位），甚至同省的绍兴府（19位）。

在写这本书的时候，我恍然意识到，杭州人林林总总的习俗和个性，大概都与南宋偏安的那一百多年脱不开干系。

1091年（元祐六年），苏东坡离任杭州的时候，绝不会想到，三十多年后，这里会成为帝国的首都。

1127年（靖康二年），金人攻陷汴京，北宋灭亡。康王赵构"泥马渡江"，流窜于建康[1]、扬州，还到东海上漂泊了一阵。1129年（建炎三年），他把杭州升格为临安府，定为"行在所"，即皇帝临时驻足的地方，这一"临时"就是146年。

从东晋的"衣冠渡江"到赵构的"泥马渡江"，两次狼狈的渡江却带来中国文化和经济中心的决定性南移。在这一漫长的过程中，前期的建康、后期的杭州，分别扮演了"舞台中央"的角色。

与建康城的几兴几毁不同，杭州自从钱镠建城，历北宋、南宋，有整整350多年未遭战火蹂躏。[2]长期的和平带来巅峰性繁华。极盛之时，临安城的常住人口约124万，为全球最大的

---

[1] 今南京。

[2] 在这期间，方腊起义（1120年—1121年）和陈通兵变（1127年）曾短暂侵扰杭城，不过都未造成重大毁坏。

城市。当时正值欧洲的黑暗中世纪，最大的商业城市为地中海边的威尼斯，人口约10万。

我们今天仍能完整地目睹当年临安城的全貌和每一条街巷，这要感谢《杭州日报》记者姜青青。我认识他超过30年了，但直到他有一天拿出那幅地图，我才知道他干了一件这么厉害的事情。

在1268年，宋度宗咸淳年间，学者潜说友编了一部《咸淳临安志》，其中绘制了《皇城图》《京城图》《西湖图》和《浙江图》四图，标明地名1582处，是现存杭州最古老的地图。稍有遗憾的是，四图各自独立，拼接在一起的时候便出现了不少模糊和空白的地方。姜青青花费十多年的时间，查遗补缺，然后用电脑技术将之整合还原，终于实现了近乎百分之百的完整和准确。

从临安城的全貌图我们可以看到——

赵构的皇宫，是以钱镠的吴越王宫为基础改建的，位于凤凰山东麓，呈现西高东低的不规则方形。东至中河南段，西至凤凰山，北至万松岭，南至笤帚湾。皇宫依山势而建，殿阁叠进，建有殿、堂、楼阁130余座，宫墙高三丈，周回约九里。

皇室在宫城内挖了一个占地十余亩的"小西湖"，还在紫阳山东麓建了太庙，1995年，太庙遗址被发现。

在城市布局上，南宋杭州为"南宫北市"的格局，皇宫在南，民居在北，在市集功能上，为"东菜，西水，南柴，北米"。到今天，仍有菜市桥、柴木巷和米市巷等地名留存。

临安城内共有坊巷八十余条，大街和坊巷纵横交叉，沿途

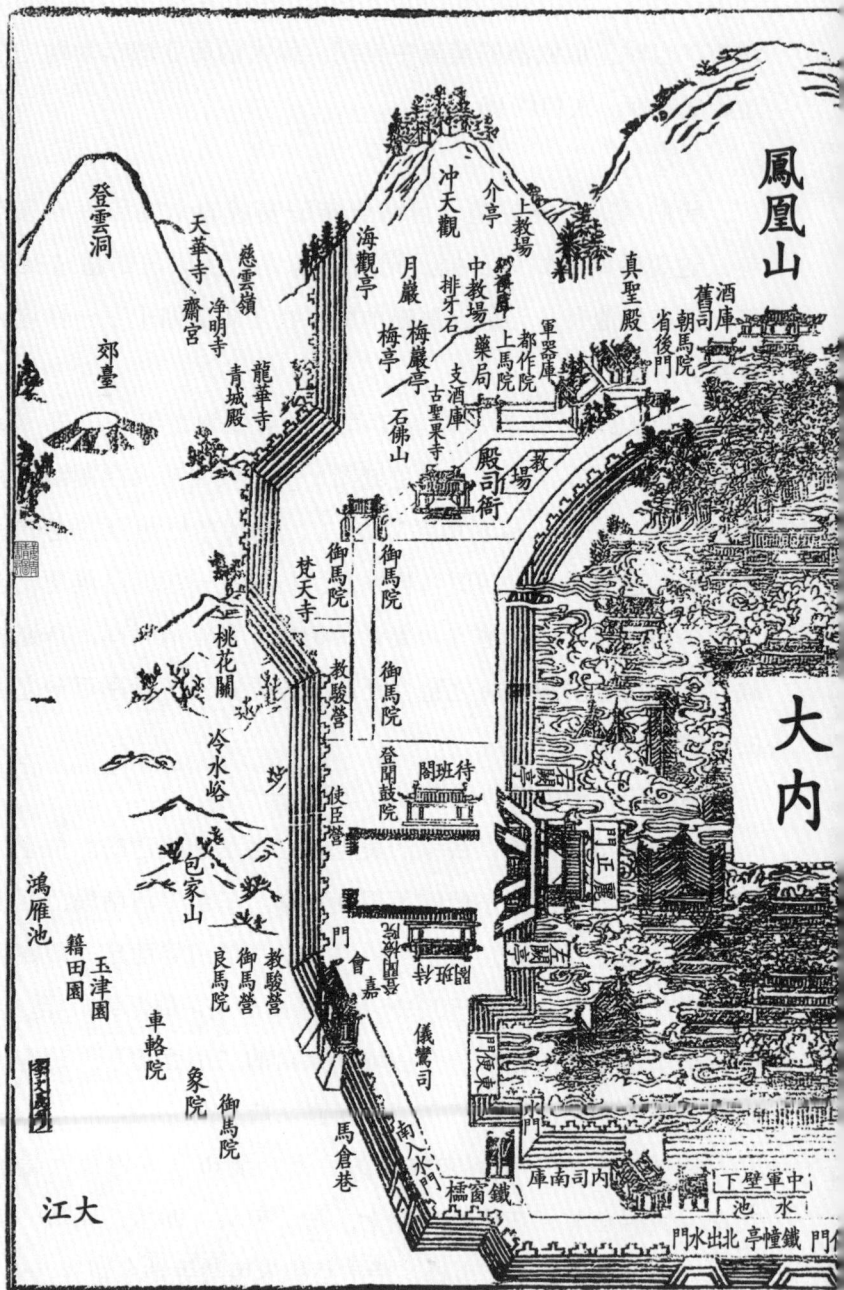

凤凰山

大内

登云洞　天华寺　慈云岭　净明寺
郊台　斋宫　龙华寺　青城殿

海观亭　冲天观　介亭　上教场
月岩　排牙石　药局　支酒库
梅严亭　梅亭　古圣果寺
石佛山

真圣殿
酒库　旧马院　朝司　省后门
军器库　都作院　上马院

殿司衙
教场

御马院
御马院
梵天寺

教骏营
使臣营
登闻鼓院　待班阁

桃花关　冷水峪　包家山

御骏营
教骏营
良马院
嘉会门　轩班

仪鸾司

鸿雁池　玉津园　籍田园　车辂院　象院　御马院

马仓巷　南入水门

铁窗桥　内司南库

中军水池

北出水门　铁幢亭

江大

1　《皇城图》

皇城圖

清波門　錢湖門

恭聖仁烈皇后宅

教駿營　駢驤院　駢驤院　教駿營
親子營　架子營　虎翼營　紫坊嶺
牙兵寨　步司衙　南迎樓　東山望樓
白鱔潭　殿司中軍　郭公井

嶺冶鐵　七官宅　郭婆井　黑龍潭　皮場廟
石佛庵　七寶山　寶山　吳山　城隍廟　承天宮　南隅
步司潛火營　三茅觀　親兵營　太歲殿　梓潼殿　寶月寺

西山望樓　上大眼井　七寶山
金地山　上方寺　仁王寺　瑞石山　御廚營　池水防
修內司營　親兵營　御廚營　池水

萬松嶺　雄八營　駱駝嶺　殿司右軍
搭材門　修內司營　清平山　寶蓮山　小壩頭
大紅門　石橋頭

紅門子　雄七營　孝仁坊
待班閣　閣門　封樁所　壽域坊　玉牒所　白馬廟　瑞石泉

蛾眉山　中興觀　天明宮　忠清廟
岳廟　太史局　聖母池　八廟房　進奏院
渾儀所　天章廟　祭星堂　石佛山　新隅　長慶坊
康張廟　街仗司　審計司　軍器監　將作監　司農寺　太府寺
太廟營　保民坊　天慶坊　真聖廟

糧料院

太廟　五府　朝天門

三省　六部

六部橋

候潮門　新開門
保安門　保安門
新南隅　御服所　萬壽香所

《京城图》

凤凰山　大内

流福坊　水门　清波门　钱湖门　流福坊

恭圣仁烈皇后宅
教骏院　教骏院　教骏营
殿司中军　南军　白鹤潭　郭公井
架子营　牙兵寨　步司衙　虎翼营　亲兵营
步司潜火营　东山望楼　铁　冶岭　宝山　七宝山
南望楼　宝月楼　七官宅　郭婆井　石佛庵
望湖亭　冲天观　介亭　排牙亭

西山望楼　紫坊山　南隅　檀利院　浑仪所
太岁殿　黑龙潭　皮场庙　城隍庙　承天宫　梓潼殿
康张庙　太史局　中兴观　街仗所
御厨营　太庙　天章　岳庙　祭星堂　天母池　忠清庙
瑞石山　御厨营　祭星堂　吴山　石佛山
三茅观　亲兵营　仁王寺　太府寺　司农寺　宗阳宫　太一宫　新隅　下四眼井
殿司右军　军器监　审计司　军作监
骆驼岭　上方寺　修内司营　小坝头
清平山　宝莲山　上四眼井
修内司营　红门子　内司　东三班

海观亭
石佛寺　古圣果寺　真圣殿　八蟠岭　大悲庵　万松岭　金地山
殿前司　虎马衙

大内

待孝班　阁示门　晓示亭　六部　三省　封椿库　玉牒所　寿域　白石　瑞马庙　太府　五府　太庙
真圣　保庆　天庆民庆坊　长庆坊　长庆坊　八厢房
进奏院　新开路　宝莲寺

朝天门

下壁　军中　中军寨　新隅　池水　皇太后看位　内司南库　红南新隅　万寿所

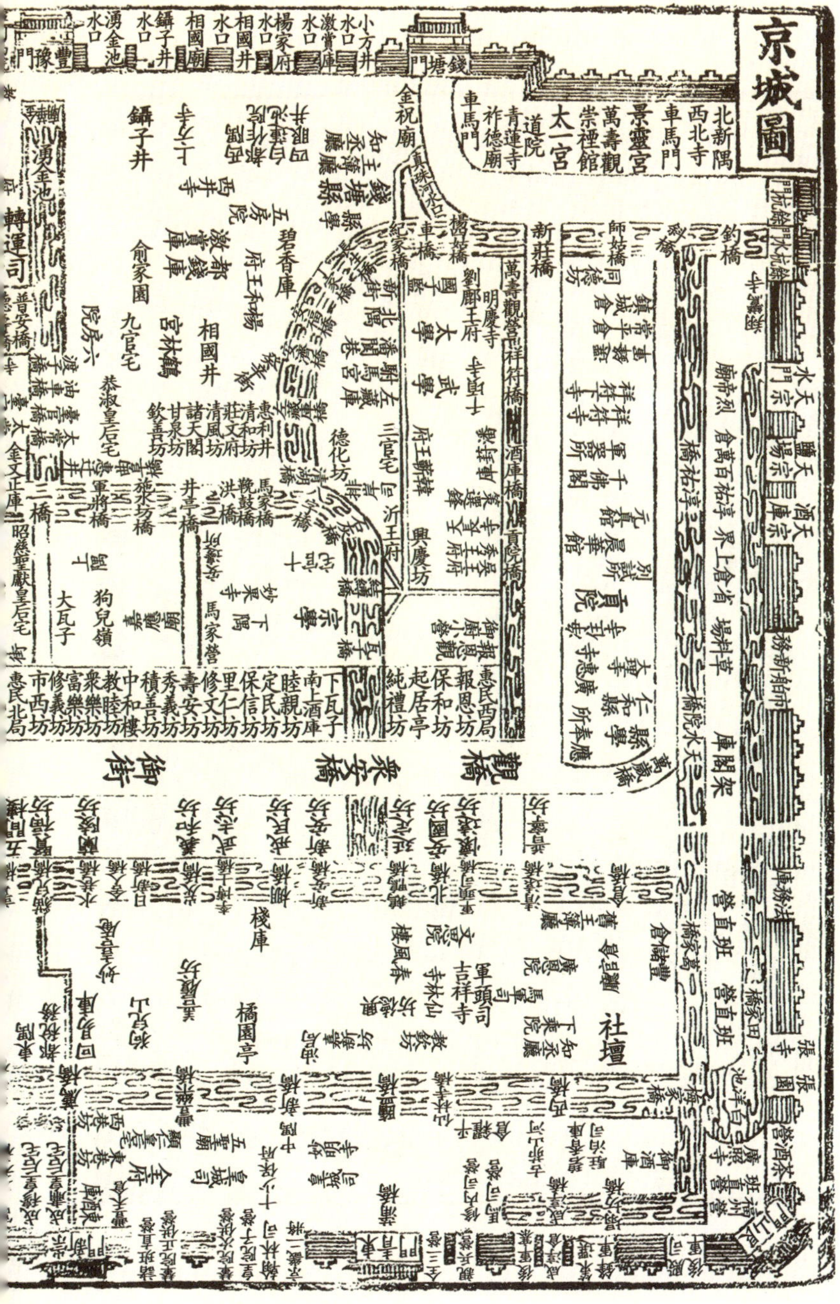

京城圖

太一宮　崇禋觀　萬壽宮　景靈宮

金祝廟　北新聞　西北寺　車馬門　祚德廟　青蓮寺　道院

錢子井　相國井　楊家井　相國寺　小方井　水湧金池　水湧金豐

釣橋　新莊橋

知王府　萬壽觀音祥符村村橋

轉運司

倉家園　九宮宅

大瓦子

狗兒嶺

社壇

軍頭司　吉祥寺

觀橋

衞街

衆安橋

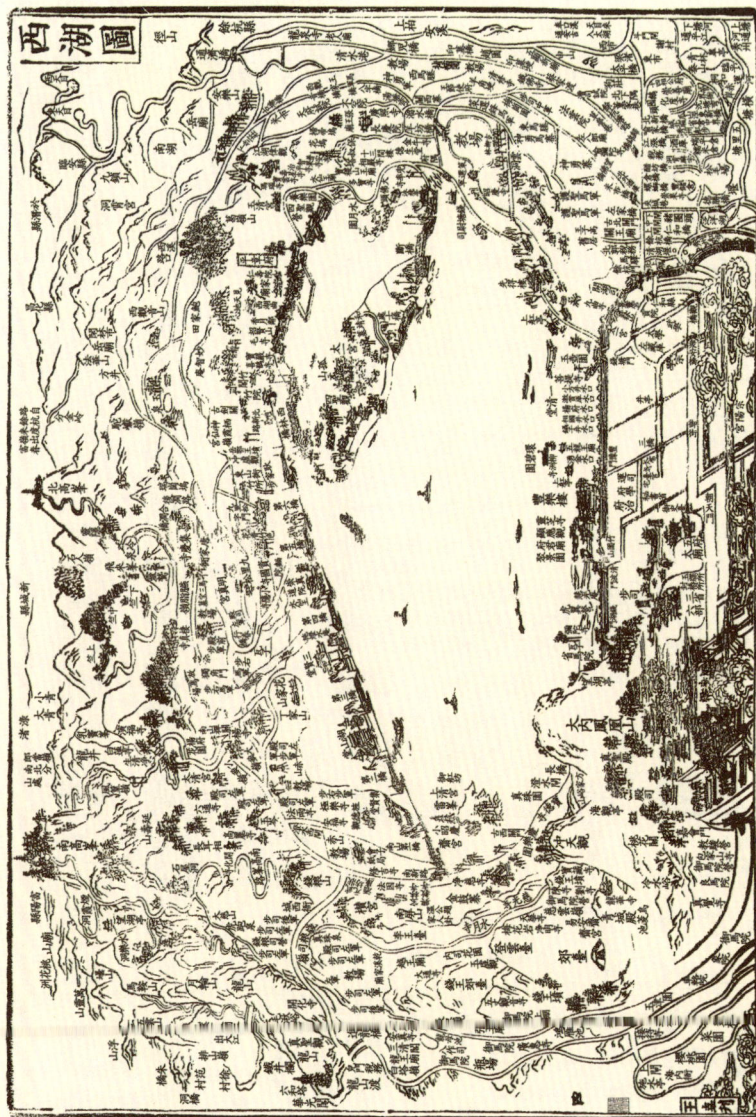

3 《西湖图》（图1-3均由姜青青重制）

百肆杂陈。在城市中心有一条御街，它南起皇城北门[1]，经朝天门[2]、观桥[3]，向西拐一直到景灵宫[4]，全长四公里，铺设了香糕砖。其间出现了三个大的集市中心，共有四百十四行，每行大约数十至百户，"珠玉珍异及花果时新海鲜野味奇器，天下所无者，悉集于此"。

我读周密的《武林旧事》，还发现，当时的南宋政府在杭州已经建构起一个比较完善的社会保障体系，有官营的施药局，收养弃婴的慈幼局，安置贫穷失养老人的养济院，安葬"死而无殓者"的漏泽园。每当下大雪的时候，官府会发送"雪寒钱"，旱灾或涝灾时，则有赈灾的粮米供应。

当年的临安城，可谓"全民皆商"。

由于政治上的悲愤压抑和商贸的繁荣，南宋的思想出现了两个大的分叉，一是以福建朱熹为代表的理学，内求"天命之性"，"去人欲，存天理"，另一则是温州叶适的永嘉学派，他们反对"重本抑末"，讲究"功利之学"，认为"既无功利，则道义者乃无用之虚语"。

两股思潮并行于世，临安城里的人们各取所需，考功名的时候学朱熹，求生计的时候说叶适。据学者徐吉军的统计，当时临安有二十余万人从事工商活动，占城区居民总数的三分之一左右。[5]

---

[1] 今万松岭一带。

[2] 今鼓楼。

[3] 今凤起路、武林路。

[4] 今环城西路。

[5] 徐吉军：《南宋临安工商业》，人民出版社 2009 年版。

4 甘博镜头下的南宋御街

清末民初的南宋御街

虽然当时御街的路面非常狭窄（最窄处就连两辆黄包车交会都有点困难），但这里是当时杭州最繁华的商业中心，街道两旁手工作坊和店铺林立，各种行当应有尽有，一路看过去，几乎每家都有自己鲜明的特色和看家手艺。

5 南宋御街上做竹篮的手艺人

6 玉工

7 正在制作棕绷床垫的两位手工艺人

8 （上左）正在钻孔的一位木作坊小学徒

9 （上右）御街上一家专织马带的店铺

10 （下左）刚开张的张小泉店铺

11 （下右）工匠正在装鼓皮（图4-11均由甘博拍摄，屈皓提供）

12 2021 年凤凰岭的老居民楼

行走在南宋皇城遗址

当年皇帝行驾经过时的威仪和大臣们纷乱的脚步声，都已经消失得没有了踪迹。凤凰岭上的杂树和野草，轻易地掩盖了所有的繁华。

古井还在，仍有老妇人在那里打水洗衣，大樟树下，午后打牌的人们消磨着最后的时光。这里原有一些工厂、居民区和军队的训练场，现在大多成了艺术创业者的园区，他们从事广告设计、家具订制、红酒品鉴和婚纱摄影。开发商悄悄地盖了十来栋十分隐蔽的豪宅，以"皇室御宅"的名义卖出天价。

你以为自己在历史中行走，却不过是记录下历史并不珍惜的片段，时间已经在别处，留住这里的无非是可有可无的几缕夕阳残照。

13 当年的南宋御街，今天的中山中路。

14 寂寥的凤凰岭

15 一家药厂的仓库被改造成文创公司聚集的"凤凰公社"

16 打井洗衣

17 午后打牌的人们

18 红酒品鉴会所（图 12-18，由吴晓波拍摄或提供）

自汉唐到北宋，都城均实行宵禁制度，而临安则"不禁夜市"。《梦粱录》描述说，杭城大街，买卖昼夜不绝，夜市开到三更，游人始稀，到了五更之后，鼓钟鸣响，热闹的早市又开始。

1202年（嘉泰二年），78岁的老诗人陆游受朝廷征召，从绍兴到临安来修撰史书，他住在御街旁边的砖街巷，此处正是闹市，昼夜热闹非凡，老先生原本要在8个月里完成的工作，拖宕了一年多。他在《夜归砖街巷书事》中描述道：

近坊灯火如昼明，十里东风吹市声。

经常"铁马冰河入梦来"的老诗人应该是不喜欢此等热闹的，因为他在诗的最后叹息说：

独吟古调遣谁听，聊与梅花分夜永。

在中国古代的物质文明中，最为世界各国疯狂热爱的是陶瓷和丝绸。甚至有人考据，在中世纪前后的欧洲，China一词是"中国"与"瓷器"的双关语。

杭州在中国陶瓷史、丝绸史上的地位都非常重要。宋代"五大名窑"——官、哥、汝、定、钧，排名之首的"官"即特指南宋临安的官窑。而在丝绸中的地位则更加显赫，目前全国唯一的中国丝绸博物馆，便落定杭州。

宋室定都临安后不久，就建了两座新窑，一座在凤凰山下，一座在乌龟山南麓，所用胎料是乌龟山的紫金土和瓷石配制而成。早在吴越国，越窑的秘色瓷已闻名天下，而随着大批顶级瓷匠南迁聚集到临安，一位叫邵成章的人主持在修内司建窑烧造青瓷器，制瓷用澄泥做模子，工艺极其精雕细琢。出产的瓷器釉色莹润清澈，在当时就"为世所珍"，一器难求。

在审美上，南宋官窑瓷一改北方的雄壮豪迈、气象万千，转而呈现为闲适淡雅、绵软柔弱，充分体现了中国文人的气质陡变。如钱钟书所评论的：

> 一生之中，少年才气发扬，遂为唐体，晚节思虑深沉，乃染宋调。

再说丝绸。宋室南渡，汴京的宫廷绫锦院、染院、文绣院、裁造院等工场纷纷迁杭，工匠们带来精湛的丝绸织染制作技艺，盛极时，仅官营织锦院就有雇工数千，织机数百，临安城内"机杼之声，比户相闻"。杭州丝绸质地轻软，色彩绮丽，明清至今，杭扇、杭伞仍是人们喜爱之物，所谓"千里迢迢来杭州，半为西湖半为绸"。

宋高宗的皇后吴氏曾得到一卷《蚕织图》，它由24个场面组成，用长房贯穿，描绘了蚕织户自"腊月浴蚕"到"下机入箱"为止的整个生产过程，全卷74人，户牖、几席、蚕具、织具惟妙惟肖。吴皇后爱不释手，在每幅小图下都加了详尽的注释。此图流传至今，被定为"文物一级甲品之最"。

南宋以后数百年里，杭州丝绸在海外的名气非常大，一个重要的原因是国际贸易。南宋与日本、高丽和南洋的60多个国

19 南宋官窑瓷器。"雨过天晴云破处，许我闲凭借月看。"（视觉中国提供）

家有经贸往来，先后在梅家桥[1]和清水闸[2]设立市舶务，还在崇新门[3]附近建了一个蕃坊，供各国外商居留。

江浙一带出产的绫绢锦帛，以临安为交易中心，行销各国，自然大大地提高了杭州丝绸的知名度，这里成为史书上常提及的"丝绸之府"。

12世纪的临安城，如果是一幅画卷，它的表面华丽喧

---

[1] 今水星阁花园一带。

[2] 今南星桥一带。

[3] 元末改称清泰门。

20《蚕织图（局部）》（视觉中国提供）

嚣，而底色却似乎是阴郁而悲凉的。北地的沦陷和长期侵略的威胁，让这座城里的每一场欢愉背后，都漂浮着挥之不去的压抑。林升题在涌金门外一座酒楼的诗句，正是这一情景的写照：

> 山外青山楼外楼，西湖歌舞几时休。
> 暖风熏得游人醉，直把杭州作汴州。

"偏安"，是南宋政权在中国史书中的一个定位，也似乎是一个专属于它的名词。在以"中华""中原"自居，讲究"正统""正朔"的中国文化里，"偏安"显然是一个贬大于褒的概念。

定都临安的一百多年里，那些住在凤凰山麓的窄小皇宫里的皇帝们，就如同一个笑话。他们每天都被"北伐""北伐"的声音所环绕，却必须装作无动于衷。而那些臣子们尽管知道这是一项"不可能的任务"，但是为了不被史官以懦弱者的形象写进史书，也必须做出悲愤激昂的样子。这是一种很滑稽的、充满了默契感的长期对峙，它每天都在发生，渐渐扭曲了这座城市的高贵气质，令城里的每一个人都分享了一份无从宣泄的屈辱和抑郁。

今天杭州人的某些城市性格——追求安逸、避谈政治、热衷投资做买卖和街谈巷议，或许都是那一百多年的"临安岁月"打下的底子，而它们分明也烙下了"偏安"的气质。

偏是一个选择，安是一种姿态，它提供一种小心翼翼的安全感，最终构成属于所有时代的集体无意识和生活方式。

一座乐于偏安的城市，如同一个内向而自得其乐的人生，它缺乏攻击性，不善于拒绝，喜欢看得见的快乐和享受，分不清简单与肤浅的区别，把"活着"视为至高无上的生活准则。

21　奎元馆是城内最出名的百年老面馆之一，2021年，受疫情影响，生意差了很多，店家索性乘机装修一下门面。我站在脚手架下，吃了一碗片儿川。（吴晓波提供）

杭州人并非没有"勇敢"，只是他们的勇敢藏得很深很深，而且是一种微妙的、只敢与时间对抗的勇敢。

1142年（绍兴十二年）1月，帝国最著名的抗金将领岳飞被皇帝赵构和首相秦桧以"莫须有"的罪名处死。刽子手用铁锤猛击岳飞的肋骨，造成其内脏碎裂而气绝。行刑地在大理寺监狱的风波亭[1]。岳飞之死，在临安城的官场和民间引发了极大的心理震撼。

悲剧发生当夜，狱卒隗顺冒死将遗体偷出，掩埋于钱塘门

---

[1] 今环城西路上。

外北山脚下水边，上植两株橘树以为标识。隗顺临死时，把这个秘密告诉了儿子。20年后，宋孝宗为岳飞昭雪，他的遗体被迁葬于栖霞岭下，这便是日后的岳王庙。

后来的数百年里，杭州人对岳飞的喜爱和崇拜是空前的，他们把他安葬在湖畔最好的位置，建了最大的祀庙，还别有创意地在岳坟前铸了四尊跪着的铁像，其中之首便是秦桧。

青山有幸埋忠骨，白铁无辜铸佞臣。

杭州人把油条叫作"油炸桧儿"，表达对秦桧的愤怒。还有一个特色小吃，是把油条和小葱裹在面饼内，在铁锅上压烤或油炸至脆黄，叫作"葱包桧儿"。秦先生因为害死了岳飞，已经被杭州人在油锅里翻来覆去地炸了几百年。

22 20世纪10年代的岳王庙。墓前伫立有石俑和石兽，照片中在石兽后侧的便是秦桧和王氏铁铸跪像。（甘博拍摄，屈皓提供）

09　西湖不照临水人

就在岳飞被处死的那一年，在武林门外的西马塍居住着一位58岁的老妇人，操济南口音，膝下无子无女，终日掩门写字。她已经来到这座城市整整十年，而且还将再居住13年，直到离开这个世界。

"一个在杭州住了二十多年的人，应该算是一个杭州人吧？"不过，如果你真有机会问她这个问题，也许，老妇人目光如炬，未必会有肯定的回答。

她曾经是一个那么天真烂漫的少女，出身官宦书香人家，十多岁时就能写下这样的词句：

> 蹴罢秋千，起来慵整纤纤手。露浓花瘦，薄汗轻衣透。
> 见客入来，袜刬金钗溜。和羞走，倚门回首，却把青梅嗅。

少女17岁时，嫁给一位相府公子、青年的金石专家，两人琴瑟和弦，在汴京[1]和青州度过了一段美妙的日子。她给自己起号为"易安居士"，"易安"两字取自陶渊明的一首诗句，大抵希望能以清风为伴，易安一生。31岁时，夫君请人给她绘了一张像，让我们今天能一睹她的容貌——她长着一张瓜子脸，细脖高额，人中较深。她看上去很柔弱，却又有山东女子的一份豪放，自称好酒、好赌兼好色。

可是，易安的人生最终不属于她。靖康之变爆发了，两夫妻携十五车书画器物仓皇南逃。最后，丈夫死于金陵，书画尽毁于战火。

她是在1132年（绍兴二年）辗转定居到临安的，改嫁给一位中级军官，那年她已经48岁。不料，那个男人看中的是她的古董，一旦发现匣中空空，顿时恶脸相向，仅仅一百天后，她就向官府告发丈夫贪腐，要求离婚。那个男人被发配了，而按照宋律，女子主动离婚须判刑三年，在朋友们的奔走下，她仅被关了九天就被放出来了。不过，这个老妇离婚案在喜欢八卦新闻的临安城里，一时传为街巷笑话。

在当时，寡妇改嫁是一件极羞耻的"失节之事"，特别是像她这样的贵族女子。朝廷曾明文规定，高级官员的妻子（"命妇"）禁止改嫁。与她同时代的理学大家程颐更是提出"饿死事小，失节事大"。她不但失节改嫁，还告夫离婚，自然是人生极大的污点，在一封写给帮助过她的官员的信中，她

---

[1] 今河南省开封市。

1 这是女词人三十一岁时，夫君赵明诚请人绘的肖像图，上有赵的题字："清丽其词，端庄其品，归去来兮，真堪偕隐。"据说女词人很消瘦，曾赋《醉花阴》，下半阕很出名："东篱把酒黄昏后，有暗香盈袖。莫道不销魂，帘卷西风，人比黄花瘦。"（视觉中国提供）

自己也说，这件事情"败德败名"，让她"扪心识愧，难逃万世之讥"。

事实正是，在她活着的时候，这段闹剧就成了文坛的一个蒙羞事件。胡仔是当时一位出名的文学评论家，在《苕溪渔隐丛话》一书中，他先是称赞她"颇多佳句"，紧接着便说她的改嫁离婚已经成了文人圈里的大笑话（"传者无不笑之"）。到了明清两代，更是有很多人把她视为"失节女性"的代表。

她从此孤独终老。据说，她先后居住在清波门和武林门外，今天，那里是杭城最热闹的地方，而在当年却是城门之外，不是有身份的官宦人家居住之地。十多年里，她杜门只做一件事情，就是校订夫君的遗著《金石录》三十卷，那是当年他们所收集的钟鼎碑刻的文字集录，也许只有在那些冰冷冷的铭文碑帖里，她才能稍稍安顿已然枯死的灵魂。

当岳飞被杀的消息传到耳中的时候，很难想象她那时脸上的表情。在这位外柔内刚的女子心里，对北土的沦陷有切齿的悲愤。当年随夫南渡长江，她曾写下一首小诗：

生当作人杰，死亦为鬼雄。
至今思项羽，不肯过江东。

在临安的时候，每当有相熟的朋友北上与金人谈判，她也会写诗词相送，那都是一些刀剑相鸣的文字。可是在这个岳飞案上，她却碰到一件实在难以启齿的事情：主谋秦桧的夫人是她舅舅的女儿，她们是嫡亲的表姐妹。

她自己的家族及夫家，在临安有不少的亲朋故交，她的亲弟弟还在秦桧的手下当官。这一些纠缠不清的裙带姻亲，给她造成的困扰和不适，千年之后的我们，也许无法真正的感同身受。她曾写了一首《永遇乐》：

落日镕金，暮云合璧，人在何处。染柳烟浓，吹梅笛怨，春意知几许。元宵佳节，融和天气，次第岂无风雨。来相召、香车宝马，谢他酒朋诗侣。

中州盛日，闺门多暇，记得偏重三五。铺翠冠儿，捻金雪柳，簇带争济楚。如今憔悴，风鬟霜鬓，怕见夜

2 杭州城西，被拆毁前的清波门。（甘博拍摄，屈皓提供）

3 1907 年，英国画家李通和（T.H. Liddell）绘制的武林门。（沈弘提供）

间出去。不如向、帘儿底下，听人笑语。

一个憔悴落寞的老妇人，当年是多么的喜欢喝酒赌博，可是如今，任由临安城的元宵佳节是如此热闹喧哗，她也不愿接受酒友诗朋们的邀约。到了夜间，更是不敢、也不愿出门，最多就是在"帘儿底下，听人笑语"。

她在临安的那二十多年（其中有两年时间因为避难去了金华），寂寥得像半截被烧毁的画卷，残缺不全而面目模糊。后人只在零星的记录中找到了两则往事：

某一年，她捧着夫君留下来的两幅米芾的字帖，去请其子米友仁做鉴定。米友仁拿到先父的字不胜感泣，挥笔题写了两个跋，说这两个字帖是真迹，而且已经非常昂贵了，其中一句是"可比黄金千两耳，呵呵"。作为一个钟鼎锦食之家出身的贵小姐，看到那一声"呵呵"，不知心里是怎生一番滋味。

还有一则更尴尬的故事，是在陆游写的一个墓志铭里发现的：有一户孙家的小姑娘，聪明伶俐，她似乎看到了当年自己的影子，便有心收其为徒，教授赋诗写词的本事，谁料，老孙家不领情，觉得才华不是女子应当有的东西（"才藻非女子事也"），竟当场给拒绝了。

到71岁的时候，这位名叫李清照的女子寂寂而死。在杭州，很少有人知道，中国文学史上最伟大的女词人曾经在这座城市里居住了二十多年。

清波门距离西湖，仅仅一箭之遥。马塍原本是钱镠养军马的地方，南宋时成了花市，从此地向西南到西湖的曲院风荷，

4 2021 年的马塍路（吴晓波拍摄）

约十里地，当年的李清照走得再慢，两个小时也能到了。然而，终其一生，她也没有为西湖写过一行诗词。

西湖不照临水人，临水不写西湖词。李清照的不着一字，让后世的杭州人十分难堪。久居杭城的"当代词宗"夏承焘先生曾试图解读女词人的心情，他说：

> 过眼西湖无一句，易安心事岳王知。

其实在我看来，易安的心事，除了家国大事，还有自己种种不堪回首的情事琐事家常事，真的说与岳飞听，大将军也未必理得出什么头绪。词人在文字里睥视百代，而在世俗中却往往手足无措。

我自幼喜欢宋词超过唐诗，词人之中，背诵得最多的是李后主、李清照和辛弃疾，大学的时候还专门用一个练习簿抄录了三人的一百多首词。不过，对于文藻背后的个人沉浮却没有在意得那么多。这些杂乱无序的细节，都是我在写这本小书的时候，从各处收罗到的。此刻，当它们以整齐的文字呈现在这里的时候，我意识到一个事实：人间的繁华与美景，投射到不同的人生里，自有迥异的颜色。在白居易和苏东坡的眼里，西湖是天下第一等风景，他们愿意用数百首诗歌来吟唱它，甚至觉得自己前世就是杭州人。而在李清照的眼里，临安的天空是灰色而屈辱的，西湖的山水寡淡无趣。

人间的模样，其实就是命运的倒影，人间的意义，其实就是活着的趣味，一旦生命萎缩，它们便空空荡荡，不值得哪怕用一个字来记录描述。

10 世界地图上的 Quinsay

皋亭山在临安城的东北郊，是进入城区的一个制高点，钱镠在这里建了一个兵堡。南宋时，此地遍植桃花，有"皋亭观桃"一景。1276年（德祐二年）元月十八日，正当桃花含苞待放之际，这里突然开进二十万蒙古兵，在平地山间树起了一望无边的硕大的军营帐篷。

就在前一年，大元帅伯颜率元兵控制巴蜀，沿长江南下，一路势如破竹，偏安百年的岁月终于到了尽头。伯颜的兵锋抵达皋亭山时，5岁的宋恭帝奉表投降，大批宋军撤离临安，右丞相文天祥入元营谈判。

两人在大帐中对面而立时，能通汉语并还会写诗的伯颜用蒙古语与文天祥对话，他承诺，"社稷必不动，百姓必不杀"。

十日后元兵入城，伯颜下令不得暴掠扰市，临安得以保全。作为亲历者的杭州人、宫廷琴师汪元量有诗记录当时景象：

衣冠不改只如先，关会通行满市廛。

北客南人成买卖，京师依旧使铜钱。

衣冠不改，货币依旧，对老百姓而言，改朝换代的代价就小很多了。

不过，"社稷必不动"的承诺，伯颜是没有做到的。他令江南释教都总统杨琏真伽拆毁凤凰山的宋室皇宫和太庙，将之夷为平地，并在上面盖了五个寺庙和一座藏传佛教的白塔，以示"镇压"。杨琏真伽乘机遍盗皇陵，还把宋理宗的头颅割下，制成了一个镶嵌黄金珠宝的酒器，称作"嘎巴拉碗"。

蒙古人统治中原98年。接下来，我让一位大家都熟悉的老朋友来告诉你，那些年的杭州城里发生了什么。正是因为他的一本书，让杭州这座太平洋西岸的城市进入了世界商业史的叙述之中。

我是马可·波罗，威尼斯人。我来到这座城市是伯颜占领这里后的第十个年头，那时它已经不是首都了，又叫回杭州。不过我们还是习惯性地叫它"行在"，在拉丁文里，我把它拼写成Quinsay。

你们知道我，是因为那本《马可·波罗游记》，我在中国待了17年，从1275年到1292年，跑遍了大江南北，还在忽必烈大汗的朝廷中当过官。你们不要因为我没有写到筷子、熊猫和长城就怀疑我的这段经历。在这本《游记》中，出现最多的城市当然是北京和杭州，Cambalu和Quinsay。其中，杭州的篇幅超过了北京，约占全书的十五分之一。

请允许我先抄录一些书中的描述，我讲述得不可能更细致：

按照通常的估计，这座城方圆约有一百英里，它的街道和运河都十分宽阔，还有许多广场或集市，因为时常赶集的人数众多，所以占据了极宽敞的地方。据说，该城中各种大小桥梁的数目达一万两千座。那些架在大运河上，用来连接各大街道的桥梁的桥拱都建得很高，建筑精巧，竖着桅杆的船可以在桥拱下顺利通过。

城内除掉各街道上密密麻麻的店铺外，还有十个大广场或市场，这些广场每边都长达半英里。大街位于广场前面,街面宽四十步,从城的一端笔直地延伸到另一端，有许多较低的桥横跨其上。这些方形市场彼此相距四英里。

在广场的对面，有一条大运河与大街的方向平行。这里的近岸处有许多石头建筑的大货栈，这些货栈是为那些携带货物从印度和其他地方来的商人而准备的。从市场角度看，这些广场的位置十分利于交易，每个市场在一星期的三天中，都有四五万人来赶集。所有你能想到的商品，在市场上都有销售。

居民的住宅雕梁画栋，建筑华丽。由于居民喜好这种装饰，所以花在绘画和雕刻上的钱数十分可观。本地居民性情平和。由于从前的君主都不好战，风气所致，于是就养成他们恬静闲适的民风。他们对于武器的使用，一无所知，家中也从不收藏兵器。他们完全以公平忠厚的品德，经营自己的工商业。他们彼此和睦相处，住在同一条街上的男女因为邻里关系，而亲密如同家人。

在此处所经营的手工业中，有十二种被公认高于其余各种，因为它们的用处更为普遍。每种手艺都有上千个工场，而每个工场中都有十个、十五个或二十个工人。在少数工场中，甚至有四十个人工作。这些工人受工场老板的支配。这些工场中富裕的手工业主人并不亲自劳动，而且他们还摆出一副绅士的风度，装模作样地摆架子。

我的这本游记是回到欧洲之后口述的。那年，我参加了威尼斯与热那亚之间的一场战争，结果成了俘虏被投进监狱，在那里，我跟牢房里的威尼斯老乡们讲述了我的东方见闻。到现在，我的脑海里还常常浮现出他们当时无比吃惊的可笑样子。

当我说杭州有一万两千座桥的时候，他们的眼睛都快要挣破眼皮了。你要知道，我们威尼斯号称"欧洲水城"，也才不过400座桥梁而已。而当我说到杭州有十个市场，每个在一星期的三天中有四五万人来赶集，他们估计已经疯了，当时全欧洲超过五万人的城市不会超过五个。

关于杭州的人口，我是真的做过一个统计的。有一年，我碰到一位大汗派来的钦差，他来这里听取税收和居民数目的报告，当地官员上报说，全城有160个托曼（Toman）的炉灶。

所谓炉灶就是指住在同一间屋子里的家庭，一个托曼就是1万，所以我就推算，杭州有160万户人家。按每户4人计算，

1 威尼斯的贡多拉（视觉中国提供）

2 杭州六和塔边，尾部翘起的渔船，据说威尼斯的"贡多拉"式样就是马可·波罗从杭州照搬过去的。（费佩德拍摄，沈弘提供）

就有640万人。后世很多人说我吹牛，但反正那个官员是这么上报的。后来有中国的学者统计说有200万人，那也是一个挺吓人的数字了。[1]

我的游记最早是手抄本，很快奇迹般地成了一部畅销书。在后来长达五百年的时间里，《马可·波罗游记》成为欧洲人对东方中国的全部想象，而Quinsay——杭州，则是他们心目中的"天城"。

顺便讲一个有趣的故事，大航海家哥伦布是我最忠实的粉丝，他读我的游记估计超过一百遍，做了264处边注。1492年，他就是揣着这本书开始了寻找东方的航海冒险，结果发现了美洲大陆。

你们知道吗，在中古之前的欧洲人所绘制的地图中，东方是混沌一片，他们知道那里有一个强大的帝国，可是对于具体的地理疆域和城市方位一无所知。一直到我的游记出版后，中国的面貌才开始清晰起来，而我在书中所有的细节记录成为历代绘图师仅有的依据。也因此，Quinsay成为当时欧洲人可以具体绘制的唯一的中国城市。

举两个例子。

1459年，威尼斯人弗拉·毛罗[2]绘制了一份非常著名的《世界地图》，其中关于中国的地名有188处，全部来自我的游记。更有意思的是，其中出现了西方地图上最早的杭州城图像

---

[1] 据赵冈和陈钟毅在《中国历史上的城市人口》一文中计算，元代杭州城内外13厢居民总数应该在200万人左右。

[2] 弗拉·毛罗（Fra Mauro），15世纪威尼斯卡玛尔迪的修士，曾设立地图工坊。他于1457年以惊人的精确程度，绘出了一幅地图，这份地图也被称为"弗拉·毛罗地图"。

3 1459年，弗拉·毛罗地图上的Chansay（元代杭州）的城市面貌，它显然是想象出来的。（资料图片）

（它被拼写成了Chansay）。它依山而建，城外有一大湖，湖中有小岛，城内的建筑物显然是典型的欧洲城堡风格，城的远处还有一座大塔，它应该是六和塔，而造型则俨然是伊斯坦布尔的清真寺。

还有一幅绘制于1604年的奥特柳斯[1]《亚洲简图》，China的位置已非常准确，北部有长城，而城市只标示了一个——Quinzai，也就是杭州。

有一位叫黄时鉴的史学家，收藏了好几幅这样的地图，他在论文中说："在马可·波罗的影响下，杭州显然是西方

---

[1] 亚伯拉罕·奥特柳斯（Abraham Ortelius，1527—1598），佛兰芒地图学家和地理学家，1570年出版第一部现代地图集《世界概貌》。

制图家非常看重的中国城市，因而在较小的地图上或在地图出现较小的中国一部分时，如果只能标出极少的地名，那么往往就有Quinsay，这些地图甚至只标出一个地名，也就是Quinsay。"

再说一些我在书里没有记载的事情。

当时的杭州是天下第一繁华地。而且，与过往诸朝不同的是，城里出现了很多像我这样的异族人，当然，更多的是色目人。

忽必烈大汗把境内子民分为四等，蒙古人、色目人、汉人和南人。蒙古贵族是中央政权和各地政府的行政首长，他们出身游牧，不善于经商，于是便大量任命色目人甚至波斯人来为他们理财。

蒙古人和色目人也信佛教，但是与中土的禅宗不同，他们信的是藏传密宗。那个把皇帝头颅做成酒器的杨琏真伽，便是大汗的国师、大宝法王八思巴的弟子。他在飞来峰上开凿了一百多尊密宗佛像，使之成为今天你们国内最大的密宗摩崖石像群之一。今天去飞来峰游玩的游客，看见正中央的那尊袒胸露腹、喜笑颜开的弥勒佛像，非常的熟悉亲切，然而，对在它周遭的毗瓦巴尊者、毗卢遮那尊者等，他们就完全弄不清来历了。

我到杭州的时候，杨琏真伽已经离开了。据说在凿佛像的时候，他顺便也为自己凿了一尊像。后世有很多汉人扛着铁锄去砸他的头，其中就包括写《西湖梦寻》的那个张岱。不过他们好像都砸错了。

4 中山中路的凤凰寺（沈弘拍摄）

　　当年还有很多阿拉伯人来杭州做生意，我在的时候，一位叫阿老丁的伊斯兰长老在老御街的边上建了一座很大的清真寺——凤凰寺，它现在还在那里。[1]据说前几年挖出一块墓碑，是用阿拉伯文刻写的，其中有七首用波斯文写成的挽歌。

　　在我离开后的1340年，摩洛哥旅行家伊本·白图泰游历杭州，他跟我一样，结识了不少城里的蒙古官员。

　　有一次，他受邀参加了一场在西湖游船上的聚会，随行的乐师们演奏音乐，并用汉语、阿拉伯语和波斯语演唱，场面华丽而富有奇妙的情调。这位蒙古公子是波斯音乐的狂热倾慕

---

[1] 杭州凤凰寺与扬州仙鹤寺、广州怀圣寺、泉州清净寺并称"中国四大古清真寺"。

5 六公园的马可·波罗像（吴晓波提供）

者。白图泰在杭州期间，还学会了唱波斯语歌曲，它是由一位叫Shiraz的波斯吟者创作的。[1]

是的，我讲述的是一个你们既熟悉又陌生的杭州城，这些都是我或白图泰亲眼所见。那时的杭州，多人种、多语言、多习俗并行不碍，是一座民族杂居、多元文化交融的国际型城市。在你们汉人重夺政权之后，它们或被时间淡忘，或被刻意抹去。

我在离开杭州后没几年，就回欧洲了。大汗派我护送一位公主去伊利汗国[2]与那里的阿鲁浑完婚，我率十四艘四桅十二帆的大船，从泉州起航，经苏门答腊、印度等地到达波斯。

我非常怀念Quinsay。感谢你们在六公园为我塑了一个像，让我这个威尼斯人得以永远地留在这座"天城"。不过，艺术家似乎把我弄得太苍老了，我到杭州的时候，才不过32岁。

---

[1] [英]亚历山大·莫尔顿著，刘砚月译：《波斯语诗歌中的元代杭州》。
[2] 今伊朗。

11　被点着的雷峰塔

场景一：杭州，雷峰塔

"倭寇来了。他们把雷峰塔给点着了！"

这个骇人听闻的消息，像台风一样传遍杭州城，市民们纷纷爬上涌金门和钱塘门的城墙，胆战心惊地向西湖的东面眺望。果然，70多米高的雷峰塔火光冲天，如同一位在火海中挣扎的罗汉，远远的，能听到飞檐坠落和塔木崩裂的沉闷的声响。

这是1555年农历五月二十八日，时值明嘉靖三十四年。

年初，一千多名倭寇从乍浦港入侵，一路南下，窜犯海盐、德清、嘉兴等府县，沿途烧杀抢掠。五月侵扰省城杭州。倭寇们驻扎在钱塘门外，先是烧毁了千年名刹昭庆寺，到了晚上，又怕雷峰塔里埋伏着官兵，便纵火焚塔。

经此一祸，原本是五层八面楼阁式的雷峰塔只残留下砖体

1 被毁残后的雷峰塔

2 西湖十景中的"雷峰夕照"和"南屏晚钟"（图1-2 由甘博拍摄，屈皓提供）

塔身，后来的几百年间一直没有重修，成了精致的西湖风景中少有的一种"废墟之美"。1924年9月25日，老塔轰然倒塌，在上海的鲁迅还很感慨地写了一篇《论雷峰塔的倒掉》。

场景二：北京，紫禁城

倭寇袭扰杭州的奏折，就摆在嘉靖帝的御案上。朝堂里，大臣们议论纷纷。

这时，距离大明帝国创建已经过去了187年。开国最初几十年，太祖和成祖一度延续宋元的开放政策，大力发展海外贸易，甚至有郑和六下西洋的壮举。但是随后海禁便越来越严厉，1492年（弘治五年）孝宗时期再次颁布"海禁令"，宣布"片木不得下海"。

海运被禁止了，但是东亚各国对华夏商品的需求却仍然旺盛，尤其是深受中华文化影响的日本，贵族阶层喜好的器物都来自中国，其中，杭州织造的布席和纱绢，以及脂粉、丝扇和瓷器，是最受欢迎的奢侈品。

在十倍乃至百倍暴利的诱惑下，倭寇集团因时而生。他们自舟山群岛登陆，直抵距离只有四百多里的杭州城，其间是水网交错的杭嘉湖和宁绍平原，几乎无险可凭。1522年（嘉靖元年）之后的这三十多年里，倭寇每年大规模袭扰浙江一次，有两次还打到了杭州城下。

朝堂廷议，大臣们的意见分为两派。

一派认为，"倭寇与海商其实是同一类人，如果开放海禁，倭寇就转身变成了海商，如果实施海禁，海商就立即变成了倭寇"[1]。因此，制倭最好的办法是开放海禁。

另一派意见认为，孝宗禁海是安定东南的英明决策，海盗之徒，用利益诱之，只会养虎为患，既不是君子之道，又有违祖制。因此，要消除倭患必须派出铁腕人物。

嘉靖帝踌躇其间，难以定夺。

场景三：舟山双屿港，汪直大营

"他们管我们叫倭寇，其实我们是半倭半汉，我就不相信他们不知道这一点。"说话的是一位身材矮小的壮汉，他操着一口徽南方言，头发则剃成了日本武士的月代发型。

他端坐大营中央，身后竖着一杆绣有"徽王"二字的大旗。在他的两旁，林立着两排部下，一排是来自日本的浪人，他们的头发剃成半月形，上身穿着单衣，下身赤裸仅穿兜裆布，光脚，手持长枪、弓矢和日本刀。另一排则是一体的汉人打扮。

中央之人，名叫汪直。安徽歙县人。元明以来，徽商就成了杭州商业的一支显赫力量，他们以盐、茶、徽墨、木材和典当为主业，著名的张小泉剪刀的创始人张思家便是安徽黟县人。禁海之后，他们中的亡命之徒转身成了海盗，与日本浪人结为同盟，是为倭寇。

在过去的几十年里，海盗们从南到北，建立了几个走私贸易的据点，最南的是澳门岛，福建一带有漳州的月港，而北端的便是舟山群岛一角的双屿港。

---

[1] [明] 谢杰，《虔台倭纂》："寇与商同是人，市通则寇转而为商，市禁则商转而为寇，始之禁，禁寇，后之禁，禁商。"

3 ［明］，仇英，《倭寇图卷（局部）》，明代苏州画家仇英曾亲身遭受过倭寇之扰，他创作的这幅《倭寇图卷》，长五米，绢本设色。图卷上的倭寇，俱是日本浪人的装扮。画面上有一艘倭船，竖立着"日本弘治一年"字样的幡旗，这是1555年，也就是雷峰塔被焚毁的那一年。（视觉中国提供）

袭击杭州、焚烧雷峰塔的1555年，正是汪直势力达到顶峰的时候。他拥有上万之众，上百艘载重量达120吨的海船，走私区域北到日本、朝鲜，南抵菲律宾，还一度控制了日本萨摩州的松浦津。因为势力庞大，汪直自封为"徽王"，凡"三十六岛之夷，皆其指使"，俨然是一个独立割据的"军事－商业复合体"。[1]

除了日本是最主要的市场，汪直还将抢掠和交易来的货物长途贩运到南洋，与那里的葡萄牙人（占据马六甲）、西班牙人（占据吕宋岛）和荷兰人（占据巴达维亚）交易，再由他们将货物转销至欧洲、非洲和美洲市场，同时将海外出产的苏木、胡椒、象牙、银币等输送回国。

每年，汪直往返于双屿港和松浦津之间。唯一让他忧心忡忡的是，他的老母亲和妻女被明军关押在杭州的监狱。他也在观察北京朝廷的动向。

场景四：杭州，巡抚衙门

就在雷峰塔被焚毁的半年后，杭州城里来了两位新的长官，他们是嘉靖帝踌躇之后的一个"两全"决定。

他从湖广调来胡宗宪出任浙江巡抚，他是汪直老家歙县邻近的绩溪人，是一位主张安抚政策的温和派。嘉靖希望他通过乡谊的渠道，用和平的方式解决倭寇问题。

另外，他从山东登州[2]调来骁勇善战的戚继光，出任杭州参

---

[1] 数以万计的倭寇并非全部都是日本浪人，更多的是被裹挟进来的沿海渔民。日本学者上田信在《海与帝国：明清时代》中描述说："渔村里的男人们就像外出打工一样加入倭寇，每当满载战利品凯旋时，就受到村民的热烈欢迎。"

[2] 今山东省蓬莱市。

4 "鸳鸯阵新图"

将，主持军事行动。

戚继光是一代军事奇才，他到任杭州后，去义乌等地招募三千人，组成日后威震一时的"戚家军"。戚继光发现，浙闽沿海多山陵沼泽，不利于大部队作战，而倭寇游走如风，善于设伏，好短兵相接。于是，他独创了一种新的战斗队形，以十二人为一基本作战单位，长短兵器互助结合，时称"鸳鸯阵"。

戚继光的出现，让浙闽的抗倭形势为之大改。在接下来的两年多里，他在浙南和闽北屡次击溃汪直和其他海盗集团，"戚家军"成了倭寇的天敌。

与此同时，老谋深算的胡宗宪则一直没有停止与汪直的谈判，边打边谈的策略果然起了成效。

5 这便是胡宗宪斩杀汪直的官巷口，60 年后，清兵在这里杀死了张煌言。现在的市井面貌，不留当年的一丝血腥。在 20 世纪 90 年代，官巷口所处的解放路和中山中路，是最繁华的商业中心，而近些年，随着年轻人口向城西和钱江新城转移，这里已明显冷清衰落了下来。（毛洺拍摄）

场景五：杭州，官巷口

1557年（嘉靖三十六年）初秋，胡宗宪派出的两位代表，与汪直在日本松浦津进行了最后一轮谈判。明朝代表承诺，一旦汪直归顺朝廷，不但可以免除他的死罪，放回家属，还可以免罪通商，继续做他的海外生意。

汪直得到这份承诺后，当即返回双屿港，率领数十位汉人首领，到杭州向胡宗宪投降。同时，他令人携带大量黄金珠宝，去北京打点首相严嵩等人。在这位徽商出身的大海盗看来，他当宋江的日子到来了。

然而，汪直入杭的消息传到京城，当即遭到强硬派官员的强烈抵制，他们纷纷上书嘉靖，控告胡宗宪收受汪直的巨额贿赂，已经远远超出了人臣的道德底线。胡宗宪迫于巨大压力，于1559年十二月毁约，将汪直一族数十口，斩决于巡抚衙门前的官巷口闹市。

在城市最热闹的中心公开杀掉一个人，是中西方的共同传统，它更像是一个仪式，在众目睽睽之下消灭一个肉体，宣示着某一公共事件的结束或新的开始。

"那个烧雷峰塔的倭寇，今天终于被杀掉了。"这是杭州人最开心、也愿意知道的全部的事实。

汪直临刑时，一副日本浪人的穿束，这可能是他日常的穿戴，也可能是胡宗宪试图以这样的公共形象，在天下人心目中"定格"他的倭寇身份。汪直用徽南方言，对胡宗宪讲的最后一句话是："我死了之后，倭寇就更难平定了。"[1]

场景六：全球化，南中国海

汪直死后，双屿港的倭寇集团覆灭，东海和杭州暂归安宁。而南中国海的海盗却终明一代没有消停。跨越明清两代，东海和南中国海是全世界海盗最为盛行的地区之一，极盛时多达15万人。明朝覆灭时，南海势力最大的郑芝龙集团拥明抗清，他的儿子便是郑成功。

就在明孝宗发布"海禁令"的1492年，哥伦布发现美洲新

---

[1] 汪直在日本近代史上也是一个传奇人物。在长崎县平户市松浦博物馆门前，有一组"历史之路"的五人铜像，其中之一，便是"倭寇"汪直。

大陆，欧洲人的大航海时代开始了。同时，文艺复兴运动正如火如荼，由自由民组成的新兴商业城市成为欧洲的新希望。西方历史著作中常常把1500年当成东西方文明"大分流"的起始之年。

在正统的中国经济史上，从来没有为海盗留一席之地。然而，近世的史料发现，自16世纪之后，正是非法的海盗活动造就了南太平洋地区的贸易繁荣。据学者严中平的研究，海盗商人把大量中国货贩运到马尼拉，进而通过西班牙商人远销到欧洲和美洲。与此同时，他们还把出产于日本和墨西哥的白银大量运回中国市场，构成全球商品和白银流通的重要一环。

明代的中国，从全球化的版图上渐渐淡出，终于内卷为一个闭关锁国的内陆帝国。而在西湖的游船上，用三种语言吟唱歌曲的景象也不复出现，杭州成了一座优雅而内向的内陆型消费城市。

1555年5月那把烧掉了雷峰塔的大火，从全球贸易史的角度观望，令人百感交集。

12 杭州人的两份清单

说到"闲"字，当年造字的祖宗估计也没多想，就直接在门里搁了一块木，大抵意思便是，待在家里呆若木头、无所事事。不过在杭州人高濂看来，"闲"是一种生活方式，可以养性，可以悦心，可以怡生安寿。当然这一切，都需要一套复杂而精致的程序和仪式。

高濂生活在明万历年间，早年在京城为官，辞任回乡后，在苏堤跨虹桥的东边建了一个读书处，号"浮生燕垒"。他是一个当时很出名的戏曲家，著有《玉簪记》。而更讨人喜欢的是，高濂是一个情致盎然的生活家，他写的《遵生八笺》，在明末就是一本很畅销的居家养生书。

这是一个十分讲究的人。说到喝水，他说，干净的雨、雪、露是"灵水"，但并不是所有天上落下的水都能饮用，比如"暴而霆者，旱而冻者，腥而墨者"的水，就万万不能喝。说到喝汤，高濂按二十四节气，给出了不同的食材配方，比如正月初一要喝桃仁汤和屠苏酒，以压服各路妖邪；立夏喝桂皮蜂蜜汤，既能消暑又不会损伤阳气；冬至那天，最好禁言静坐，喝点易于消化养胃的汤酒，比如当归生姜汤、枣汤、钟乳酒和枸杞膏。

高濂还专有一篇《四时幽赏录》，告诉杭州的乡亲们，一年四季应该怎么游玩西湖：

春时幽赏：孤山月下看梅花／八卦田看菜花／虎跑泉试新茶／保俶塔看晓山／西溪楼啖煨笋／登东城望桑麦／三塔基看春草／初阳台望春树／山满楼观柳／苏堤看桃花／西泠桥玩落花／天然阁上看雨

夏时幽赏：苏堤看新绿／东郊玩蚕山／三生石谈月／飞来洞避暑／压堤桥夜宿／湖心亭采莼／湖晴观水面流虹／山晚听轻雷断雨／乘露剖莲涤藕／空亭坐月鸣琴／观湖上风雨欲来／步山径野花幽鸟

秋时幽赏：西泠桥畔醉红树／宝石山下看塔灯／满家巷赏桂花／三塔基听落雁／胜果寺月岩望月／水乐洞雨后听泉／资岩山下看石笋／北高峰顶观海云／策杖林园访菊／乘舟风雨听芦／保俶塔顶观海日／六和塔夜玩风潮

冬时幽赏：湖冻初晴远泛／雪霁策寒寻梅／三茅山顶望江天雪霁／西溪道中玩雪／山头玩赏茗花／登眺天目绝顶／山居听人说书／扫雪烹茶玩画／雪夜煨芋谈禅／山窗听雪敲竹／除夕登吴山看松盆／雪后镇海楼观晚炊

高濂列出的西湖四季游玩项目，共有四十八个。关于每一项，他还有专门的导游文字，写得文采斐然，如诗如画。如果每年都照单执行的话，小半年就这么愉快地过去了。

一直到很多年后，郁达夫在嘲笑杭州人"不思进取"的时候，还在文章里列出了这份幽赏清单。不过，对于居住在这座城市的人来说，它们确乎是日常生活的一部分，更要紧的是，它们不但都是免费的，而且有一些景点，出了家门拐个弯儿就到了。

"社会生活深度世俗化"——这是当代学者周膺和吴晶在《杭州文化史》一书中，对明代杭州的一个概括，而事实上，它几乎是明以后杭州的一个基本特征。

如果说，高濂给出的是一份西湖游玩清单，那么，在杭州人的生活中，还有另外一份更丰富、复杂的"拜神清单"。

这里号称"东南佛国"，宗教生活在杭州极其重要，不过，它其实有两个世界，一个是僧侣和士人的世界，它是知识产生和交流的主要课题，也是风雅颂的媒介和场所。佛教八宗，杭州以禅宗和律宗为主，历代出了很多的高僧大德。另一个则是市民阶层的世界，它更加的具体，与日常生活融为一体。人生的四件大事，无非生老病死，杭州人把它们设计进了一个约定俗成的程序，它精致而利己，充满了节奏感。他们还发明出种种的生活或宗教仪式，与春夏秋冬的四季律动相应和，体现为世俗的天人合一。这份清单可以说是生活的一张功课表，人们只需照表执行，就可以把日子填得天衣无缝。

与佛教有关的活动难以计数。仅仅春天的西湖香市就长达一百多天。每凡到了各位菩萨的诞日，信徒们总是规矩不乱地

1 ［明］，宋懋晋，与高濂类似，明代画家宋懋晋把西湖的四季游玩项目画成了《西湖胜迹图》，从左往右依次为万松岭、飞来峰、湖心亭、雷峰塔。（视觉中国提供）

举办法会，进香供奉。城里有数百个大大小小的寺庙，对应着不同的主题，而它们基本跟生活有关，有求长寿的，有求祛灾的，有求婚姻的，有求前途的，有求生子的。

湖墅的大运河边有一座香积寺，是净土宗的江南祖庭，里面有一尊紧那罗王菩萨，他是佛教里的天龙八部之——"音乐天"。但因为手中举着一根拨火棍一样的东西，硬是被杭州人"重新定义"成了"灶火菩萨"，来这里拜一拜，可以保佑一年家里灶头红火，人畜两旺。

除了这些佛事法会，还有许多要拜的。

第一等大事是拜祖宗。杭州人每年的元旦、清明、夏至、七月望、十月朔、冬至等岁时节日，都要在家里或庙里举行祭祖仪式。

读中学的时候，我曾经参加过几次家族的祭祖活动。因为妈妈是绍兴人，每到一些重要的日子，比如某个祖宗的忌日或生日，再或者盂兰节或观音的诞日，老家就会来人，一起到山上的庙里去祈福设祭。

前一晚，大人们就开始准备鱼肉和水果祭品，妇女们则聚在一起折叠纸元宝，往往会弄到后半夜。她们会兴致勃勃地讲述很多灵异的事情，比如去年求的卦如何应验了，昨晚哪个先人又托来一个什么梦。这堆人里，有教授夫人、纺织厂女工及种菜地的农民，此刻脸上的神情虔诚而神秘，这是她们唯一有共鸣的话题。我在旁边听着，发现祖宗们也是有爱有憎的，在地下跟我们一样的缺钱和渴望抚慰，那也是一个有交易、有富贵贫贱的世界。

2 《西湖胜迹图》，放鹤亭、两峰、龙井、六和塔（视觉中国提供）

第二天凌晨，人们就起床进山了。祭祀仪式一般会举办一个上午，我们在庙的外庭里打牌或斗蟋蟋，每过半个小时左右，大人就会赶我们进去跪拜，每次站起趴下，都要很多个回合，还要捧着香，随和尚绕佛像好几圈。半天折腾下来，其实挺腰酸背痛的。最后，在和尚们含糊不清的颂词中，祭祀结束了，大家拥进旁边的斋房，吃掉所贡的祭品。而每每这样的场合，又是家族讨论一些"大事"的时刻。临分别前，大家把下一次祭祀的时间定下来，兴尽而散。

一直到今天，我每年仍然有一到两次的机会，参加类似的道场。仪式几乎没有改变过，庙还是那几个庙，和尚还是一样的和尚。唯一的区别是，家族里的小孩们不再斗蟋蟋了，他们安静地玩自己的手机。

接着是拜龙王和城隍。龙王有两位，一位是主管西湖的广润龙王，专门有一座嘉泽庙，春秋两季隆重祭祀，还有一位是主管钱塘江的东海龙王。杭州的城隍确有其人，名叫周新，是永乐年间（1403年～1324年）的浙江提刑按察使，据说他廉明刚直，为民申冤，号称"冷面寒铁"，后来冤死于宦官之手。杭州人把他封为城隍神，建庙吴山之上，每年农历的五月十七和除夕，都有很多市民前往设祭。

因为杭州是丝绸之府，所以当地还有一个特别重要的"蚕神"，她的主庙在玉皇山南麓的天龙寺。每年三月的吉巳日，杭州四郊的丝商蚕户聚集于此，烛香祈蚕。久而久之，玉皇山脚下成了一个蚕丝的大型集市，一直到20世纪90年代末，这里还有一个丝绸交易市场，连中国丝绸博物馆也建在了这里。

除了这些说得上名堂的各路神仙，杭州还有很多千奇百怪的神。明人田汝成在《西湖游览志余》中记录了一个"万回哥哥"，杭州人每年在腊月祭拜他。这位哥哥的造型是"蓬头笑脸，身着绿衣，左手擎鼓，右手执棒"，顾名思义，他管的是"万里之外的家人可以平安回来"。另外还有一些"草野三郎""宋九六相公""张六五相公"等，连田汝成都说，他也弄不明白是他们分管什么事情的。

透过这些细节，如果你有机会回到高濂生活的明代杭州城，你会目睹怎样的景象？

它是静好而繁忙的，大运河如一条财富之河，为这座城市源源不断地输送着利益，杭州人不需要像徽商或晋商那样的"十四五六，往外一丢"，在背井离乡中谋取生计。他们甚至对考科举当大官也未必有那么多的兴趣，因为家乡的安逸让他们想象不出更好的生活和更值得拼搏的前途。西湖像一个拽住了他们衣角的娇媚娘子，一年四季的"幽赏清单"和"拜神清单"，足以消磨掉所有的岁月。

在整个帝国，杭州可能是最懂得经商和喜乐生活的城市。在每一次的改朝换代之际，它都选择了顺从，这使得政权的"暴力之剑"一次次地从它的头顶惊险地滑过。而从未被摧毁过的市井繁华，则让这里的人们得以放纵自己的世俗欲望。如同当时的诗人袁宏道所吟唱的"一年一桃花，一岁一白发"，桃花每年必开，白发每年必生，它们无须呼唤，不必抵抗，你只需要遵照清单生活，一切都如西湖之水，晴雨皆好，波澜不惊。

3 20世纪90年代，几乎每一座中国的大城市都有一个卡萨布兰卡酒吧。杭州的"卡萨布兰卡"在六公园，是结识外国人最理想的地方，马云创办阿里巴巴前，就在它的附近搞了一个"英语角"。

西方学者卜正民[1]有一本关于明代商业和文化的著作，书名是"纵乐的困惑"。在他看来，随着农耕文明发展到极致，明代中国已经是一个完全商业化的帝国，而政治的高压则造成了整个知识分子和市民阶层极端地追求消费和纵乐的刺激。中国学者金观涛则用"超稳定结构"来形容这一状态。

在杭州，风景与生活都真实和宁静得让人害怕，繁忙的日常如一个"美丽的诅咒"，令城市里的人们没有时间去思考和探索"更好和更远大的事物"。而这几乎是明代中国的一个缩影。

---

[1] 卜正民（Timothy Brook，1951—　），加拿大汉学家，参与编撰《哈佛中国史》。

4 1981年西湖边的三公园，但老杭州人习惯叫它三码头。

5 计划经济年代，来杭州出差旅游的人，需要先去住宿登记处登记，再拿着介绍信办理旅馆入驻。1981年，湖墅南路半道红巷前，几个旅馆自设的登记点，它们宣告了"统一登记"时代的结束。

6 1984年国庆前夕，杭州第一家专卖包装食品的商店"鲜洁包装食品商店"在龙翔桥开张，闻讯赶来的居民挤满了柜台。

7 1984 年，跳交谊舞的年轻人。

8 1993 年 4 月，国家取消了布票和粮票，彻底告别了长达 38 年的"票证时代"。布票取消后，百姓买布方便了，随之而来的是代客缝纫生意的兴起。图为 1994 年的松木场"缝纫一条街"，在这里，用不了半天时间，一件价廉物美的衣服就可以制作好穿回家。

9 1996 年，龙翔里 1 弄的擦鞋摊。那时来这里买服装的人，多是一些先富起来的人，花几块钱擦一双皮鞋，实在算不上什么，于是这里便形成了一条擦鞋专业街。（图 3-9 均由沈弘拍摄）

13　断桥边的爱情

每一座伟大的城市，都有漫山遍野的爱情。它们肆意而委婉，或悄无声息，或轰轰烈烈。而几乎所有得以流传的爱情，都是悲剧性的，充满着青春的固执和残酷，那些年轻的生命自由而逆反世俗，无所顾忌而遭人嫉恨，勇敢无畏而玉石俱焚。他们所吟唱的悲伤，让没有温度的桥梁、城堡、窗台或山岗，沾染上了人类的灵性。

市井繁华的杭州和柔美的西湖，是爱情最容易滋生的地方。

千百年间，它们见风就长，在每一个角落热烈而忧郁地上演。换而言之，如果没有这些爱情故事的发生，再伟大的城市和明媚的风景，都可能是空洞而欠缺的，都不会令人牵肠挂肚，徘徊惆怅。

听我说着这些关于爱情的见解，她面无表情地说："你太正常了。"

她是谈恋爱的高手，一位半职业的话剧作家和油画家，现在还在喜马拉雅上开了一门关于情感管理的收费课程，不过在我看来，她自己对情感的管理基本上是"脚踩西瓜皮"式的，一直到40岁之后才安定了下来。如今，她定居萧山湘湖，对线香和班章茶的热衷似乎已超过了对男人的兴趣。她告诉我，读大学的时候，同县出来的男朋友考进了浙大，她来杭州探望："我们在校区外的白沙泉村租了一间农民的房子。清晨我们经常爬后面的山到初阳台。那真是单纯的日子。"我硬是把一句话咽了下去——我的文化公司就在白沙泉，它现在是一个并购金融街区。

"西湖边的爱情故事，都奇奇怪怪的，女主角主要有三种，要么是妓，要么是妾，要么是妖。"听她这么一说，轮到我面无表情了。

有明一代，寻常百姓去茶楼听书，成为民间最流行的娱乐活动，由此推动了话本小说的极大盛行。当时的商业和文化中心俱在江南，话本创作便自然繁盛于此间。作者们选材就近不就远，于是，各类最受欢迎的故事，时间往往是南宋和明初，地方每每在苏州和杭州，主题则常常是爱情。为了增强故事的"真实性"，让听书人产生"空间代入感"，创作者经常选择现实生活中的地名，甚至具体到街巷店铺和风景点，这为传奇创造了一个奇妙的"事实场景"。

明代最为著名的话本作品是"三言二拍"。"三言"的作者为苏州人冯梦龙，分别是《喻世明言》《警世通言》和《醒世恒言》，"二拍"则是湖州人凌濛初创作的《初刻拍案

1 英国画家李通和绘制的断桥（沈弘提供）

惊奇》《二刻拍案惊奇》。有学者做过统计，"三言二拍"之中，以江南为背景的传奇故事有108篇，占总数的七成，以杭州为背景的计34篇，为各个城市之最。而这30多个故事中，又大多数为爱情悲剧。

中国古代民间四大爱情故事，分别是孟姜女哭长城、牛郎织女、白蛇传、梁山伯与祝英台。其中，有两个发生在杭州的西湖之畔，均定本于明代中后期。

每年的春节或国庆假期，杭州必定是全国游客量最大的城市之一，而在所有的景点中，人流最为拥堵的则肯定是断桥。它是白堤的最东端，全长仅8.8米，为拱形独孔石桥，其实貌不惊人。之所以叫断桥，则是因为在早年，桥上有一个凉亭，每当冬季下雪，桥上积雪似断未断，好事人就把它叫作了断桥。

这个亭子在民国初期的时候还在，有商家经常在亭壁上刷"小广告"。如今凉亭已失，断桥确乎已名不副实。

这样的解释，是客观的事实，但是游客们却肯定是不认的。因为在他们的心目中，在中国文化史上，它是一座"断肠人在天涯"的桥。

据说是在南宋的绍兴年间（1131年～1162年），保安堂药店的青年东家许仙清明出城踏春，到了断桥边，天空下起小雨，他与两位女子——分别着白衫和青衫——在一柄雨伞下邂逅，一来一往，许仙与白娘子萌生爱意，结为永好。谁料白娘子是千年蛇妖，一位叫法海的和尚从镇江赶来收妖。他用雄黄酒令白娘子现出原形，然后将许仙带去金山寺。白娘子为了救夫，水漫金山寺，与天地抗争，最后被镇压在雷峰塔下。

这个传说介于人妖之间，最早的版本在唐代已经出现，口口相传，到明代的时候，被冯梦龙写进《警世通言》，成了今天的基础版本。根据冯先生的"考据"，许仙的药店开在过军桥黑珠巷，而白娘子的家安在箭桥双茶坊。[1]在故事里，许仙胆小唯诺，而白娘子虽为妖精，却重情重义，敢作敢为。在重男轻女的中国社会里，她的极其鲜活的人格特征，投影出了万千女子内心的渴望和不甘。

"其实在冯梦龙的版本里，白娘子被'永镇'雷峰塔，并没有水漫和救夫的情节，这都是民间的说书人一点一点加上去的。"毕竟是戏剧创作专业毕业的，她对故事的演变比我更熟，不过说出来的意思都怪怪的，"你看古代那么多神话，最

---

[1] 这两个地方分别是鼓楼旁的通河桥附近，清泰街的道院巷（20世纪80年代被拆除，成了河边公园）。

2　越剧发芽于绍兴嵊州，繁荣于杭州和上海，由女子担纲男女主角，剧目大多为江南爱情故事。茅威涛是当代越剧的代表人物，她扮演了上千次的许仙和梁山伯。（茅威涛提供）

具现代性的就两个，可惜主角都不是人，一个是花果山上的猴子，另一个是断桥边的蛇。"

"你那个白沙泉的男朋友后来怎样了？"

"我不是蛇，他比猴子差远了。"

白娘子的故事发生在白堤的最东端，你沿堤漫行，三步一柳，五步一桃，走到最西端，也有一座单孔石桥静卧其上，它叫西泠桥。这里也同样有一个爱情故事在等着你，而且发生的时间比《白蛇传》更早。

据说——还是据说，南朝齐时，钱唐县有一位妙龄歌妓苏小小，在这里邂逅了从建康来西湖游玩的当朝宰相之子阮郁，两人欢天喜地暗生情愫，筑舍于孤山的西泠桥边，苏小小赋诗相赠：

妾乘油壁车，郎骑青骢马。
何处结同心，西泠松柏下。

西泠桥与鸟窠禅师打坐的大松树相去不远，估计在当年这里是一整片的松树林。苏小小的故事情节，很快就转向了悲剧的方向：建康相府当然容不得一个歌妓，江南烟雨，松柏常青，最终没能留住阮公子的心。盼郎不归的苏小小终日寡欢，某一次，遇见落难书生鲍仁，她赠以百金助他赶考。不久，苏小小香消玉殒，年仅18岁。下葬之日，科举高中、已经当上滑州刺史的鲍仁赶到，抱尸痛哭，遵照苏小小的遗愿，在西泠桥畔修小小墓。迄今墓存，旁盖慕才亭，有一联曰：

湖山此地曾埋玉，风月其人可铸金。

她又有话要说了："其实，苏小小的故事，是西湖爱情的主要模式。你知道的，从古代到民国，西湖边那一栋一栋的小别墅，大多是用来储妓养妾的。林和靖墓旁原有一个冯小青墓，她便是一个大户小妾，才情绝代，18岁就挂掉了，死前让人绘下她的画像，据说是林黛玉最初的原型。"

冷雨幽窗不可听，挑灯闲看牡丹亭。
人间亦有痴于我，岂独伤心是小青。

3 20世纪10年代的西泠桥畔，苏小小墓与慕才亭。"千载芳名留古迹，六朝韵事著西泠。"（资料图片）

梁山伯与祝英台的故事，则发生在西湖的东面。好事之人根据传说，还绘出了一条"恋爱路线图"。

祝英台是上虞祝家村的大小姐，她女扮男装到杭州来读书，路上遇到了绍兴书生梁山伯。他们结伴过钱塘江进城，走的是东城的望江门，城门旁的贴沙河上有一座草桥，是运送草料的卸货地，盖有一个草桥亭，他俩便在这里结拜为兄弟。在戏文中，这一出叫"草桥结拜"。

进城之后，他们赴万松书院读书。它在凤凰山北坡的万松岭上，唐宋时候为报恩寺，到了1498年（弘治十一年）改为书院，是杭城四大书院之首。这里高踞岭巅，左江右湖，山野明秀，是读书的好去处，也是谈恋爱的绝佳地方，梁祝在这里同窗三年。

学成之后，各自回家，祝英台一路暗示加明示，梁山伯却始终笨若呆鹅，这便有了"十八相送"。祝英台指着贴沙河上的两只鹅，让梁山伯猜哪只是雌哪只是雄。过一口水井的时候，又暗示说，"井底两个影，一男一女笑盈盈"，这口井后来被叫作双照井，迄今犹在。接着穿竹林，过池塘，到了清泰门外的观音堂，祝英台要请观音大士做媒，两人现场拜个堂，梁山伯还是茫然无察觉。观音堂现在已不存，只留下一个地名叫观音塘。

如果有情人终成眷属，人间就没有戏文可以传唱了。"梁祝"后来的故事是：梁山伯终于知道"贤弟"是女儿身，祝英台却已经订婚他人。呆书生相思成疾，一命呜呼，祝英台赶去哭坟。一时之间风雨大作，梁坟竟然裂开，祝英台奋身跳入，坟墓闭合。云散天晴，从坟墓里飞出一双蝴蝶，形影相随天地间。

一曲凄婉梁祝事，恸哭百年痴情人。这个故事常常被类比于欧洲的"罗密欧与朱丽叶"，可见情不得已，实在是人世间最无奈的寻常事。

这些断桥边的爱情，都发生在"城外"——这一场景设计本身就带有强烈的暗示性。千百年间，中国人的世俗感情被儒家礼教所束缚，男性"非礼莫视"拘束呆板，女性更是卑微被动，几乎没有任何追求情感自由的主动权。于是，在"城外"的断桥和西泠，在纯美自然的掩护下，尊卑廉耻消失了，"礼仪"被扔进湖里，人们猛烈地释放内心的本能和欲望。无论是人或妖，不管是公子还是妓女，瞬间的情爱冲动，足以让所有的身份都变得微不足道。

然而，这又注定是一个悲伤的过程，故事里的主角们发誓终身不渝，却因抗拒世俗而最终只与极短暂的激情有关。但是，这些"不伦"的传奇还是顽强地在人间流传了下来。当它们出现在唱本和戏台上的时候，少年们寻找到了继续反叛的勇气，而已过千山万水的成年人们则回想起若干年前干下的那些荒唐情事。一念至此，心底感伤生，山中梅花落。

那天下午，我们坐在龙坞的一个客舍院子里，把茶喝到淡无可淡。她还是觉得我太正常了，其实是不懂断桥边的爱情的。最后，她问了我一个问题：

"你倒是告诉我，在你们杭州发生的这些故事里，为什么男主角要么是个懦夫，要么是个负心汉，要么就直接是一个呆子？"

无言以对的我终于明白，她现在那么喜欢线香和班章，其实是有道理的。

4 2021年夏天，一对新人在长桥拍新婚照，被我偶尔抓拍到。他们一个是金华人，一个是温州人，如今都在杭州定居创业。"长桥"其实很短，也许足够他们用一生守护。（吴晓波拍摄）

14　杨廷筠的转变

1611年（万历三十九年），南京工部员外郎李之藻的父亲去世，他回杭州奔丧，他的好朋友杨廷筠前去吊唁。在那里，杨廷筠遇见了两位欧洲天主教的神父郭居静[1]和金尼阁[2]，他们随即爆发了一场激烈的辩论。

杨家在杭城是官宦世族，人称"杨氏科第甲于武林"。杨廷筠35岁时考中进士，先后在南京和杭州为官，曾任监察御史，当过顺天府府丞，相当于直辖市的常务副市长。他是虔诚的佛教徒，在佛教氛围十分浓烈的杭州有很多佛界朋友，他们经常在一起参禅悟道，杨廷筠被认为是一个"深入禅理者"。

然而，就在李之藻家，杨廷筠的人生突然拐了一个惊天大弯。他与郭居静、金尼阁就佛学、儒学与基督教的教义，展

---

[1] 郭居静（Lazzaro Cattaneo，1560—1640），号仰风，意大利托斯卡纳人，耶稣会传教士。1640年卒于杭州，葬于传教士公墓。

[2] 金尼阁（Nicolas Trigault，1577—1628），字四表，著名传教士，汉学家。1628年在杭州病逝，葬于大方井传教士公墓。

开了激烈的论战，杨廷筠不断地发难诘问，而两位神父则应题对答。

这场论战持续了九天九夜，最后的结局是，50多岁的杨廷筠领受洗礼，洗名弥格尔（Michael），成了杭州城里的第一个天主教徒。

基督教早在唐代由波斯传入东土，当时被称为景教，元代的宗教信仰自由形成了基督教传入中国的第二高潮期。1582年，天主教耶稣会的利玛窦[1]等人第三次传教中国，然而这一回并不顺利，一直到1611年前后，中国区的信徒只有约2500人，且大多在南方的江浙一带。

这部分信徒绝大多数是知识界人士，尤其是大学者、曾担任过礼部尚书的徐光启的入教，起到了决定性的示范作用。早在1602年，杨廷筠就经徐光启的介绍，与利玛窦见过一面，那次讨论并没有给他留下很深的印象。但是就在第二年，徐光启受洗。到1610年，老友李之藻也步后尘，成了一个天主教徒，这让杨廷筠很是震撼。

在当时的文人界，徐光启和李之藻是一对非常引人注目的"异类"。徐光启师从利玛窦，向其学习西方的天文、历法、数学和水利技术知识，总编了60卷本的《农政全书》。他在历书中第一次引入了"地球是圆的"这一概念，同时，还与利玛窦共同翻译《几何原本》。李之藻也是利玛窦的学生，他和利玛窦编译《同文算指》《浑盖通宪图说》《圜容较义》等天文

---

[1] 利玛窦（Matteo Ricci，1552—1610），字西泰，意大利人。耶稣会传教士、学者。1582年（万历十年）被派往中国传教，直至1610年在北京逝世，在华传教28年，是天主教在中国传教的最早传教士之一。

1 杭州天主堂内的彩绘玻璃，从左往右，依次为利玛窦、卫匡国、李之藻、杨廷筠（吴晓波拍摄）

书籍。在中国科学史上，他们有显耀的开启之功。

相比在学术上深有造诣的徐光启和李之藻，杨廷筠的入教则更带有普及的意义。后世的学者认为，徐光启和李之藻之皈信天主教，除了宗教的原因，主要是受传教士所传西方科学思想的影响所致。而杨廷筠属于另一种类型，他的皈信完全是出于信仰。

正是有了杨廷筠的出现，杭州在17世纪成为东南沿海天主教传播的中心。也因此，徐光启、李之藻和杨廷筠三人被称为明末清初"中国天主教的三柱石"。

杨廷筠入教碰到的第一个障碍是，他有妻妾数人，而天主教要求一夫一妻。因此，他跟李之藻多有抱怨，他说，西方人好是奇怪，我以御史的身份视之为师，他们却还要管我有几房妻妾。在李之藻的开导下，他最后还是"屏妾异处"，遵循了教规。

杨廷筠入教时已年过五旬，显然不可能是一时的冲动，他更多是在思想的意义上完成了洗礼。在他看来，三代以来，中国诞生了儒学和道教，后来从印度引入佛学，出现了儒释道合流，然而千年以来，儒释道都已经陷入僵化，基督教的加入"可以补儒数之阙，可以正释老之误"。

作为杭州城里著名的士人，杨廷筠的入教如同一场"背叛"，引起了极大的骚动，他的那些佛家老朋友们一方面觉得不可思议，同时又十分的愤怒。他们上门找到杨廷筠与之论战，希望他迷途知返。从来喜欢参禅辩驳的杨廷筠正中下怀，他一连写了《代疑篇》和《代疑续篇》两篇长文，与老朋友们笔战。

在《代疑篇》中，杨廷筠列出对方提出的二十四条诘问，一一给予解答。有人认为传教士不婚不宦、去父母、远兄弟，有悖中国的人伦。杨廷筠辩护说，基督教十诫也劝人向善，传教士是为信仰献身。又有人质疑童贞女玛利亚感孕而生基督是荒唐之事。杨廷筠则举净饭土摩耶天人"剖右胁而生释迦"予以反驳。

与久居学斋的徐光启和李之藻不同，当过府丞的杨廷筠显然是一个更固执的人，也更有行动力。除了与佛家子弟公开论战，他还身体力行，大力传教。为了让自己的老母亲也入教，他在半个月里不进食、不宽衣，以致形容憔悴，气若游丝，老太太老泪纵横，大喊："我信了，我信了。"（"吾今信矣。"）

为了扩大信徒，杨廷筠撰写了《天释明辩》《圣水纪言》等小册子，还资助在华传教士翻译了25部教义作品，并广为印发传播。

对于识字无多的普通民众而言，杨廷筠的某些说教是很能诱惑人的。比如，所有的宗教都承诺虔诚的信徒可以上天堂。杨廷筠就告诉大家，佛教和天主教的"天堂"其实是很不同的：

佛教的天堂，属六道之一道，与地狱等皆为轮回暂寄之所，所以，佛教徒的天堂之乐是"有限之乐"，终究还会堕入轮回，苦乐无定。而天主教的天堂，是天主所居之"万福之所"，只要信靠耶稣，死后便可尽享天堂"永久之乐"。

在杨廷筠等人的狂热推动下，天主教信徒数量陡然增加，到1617年，信徒人数居然达到了1.3万人。这一景象引起朝野上下极大的警惕，在朝官和佛教徒的建议下，朝廷下令驱逐传教士，史称"南京教案"。

在风声鹤唳中，杨廷筠表现出了极大的决心，他把朝廷明令驱逐的八位传教士藏匿于自己的家里，并四处奔波，为他们脱罪。一位叫曾德昭的传教士在其回忆录里写道："他为我们准备了一套相当好的寓宅，设有寝室、厨房、礼拜堂和厅房，这所房屋是神父们所能有的最安全、宽敞的避难处。"

2 1992 年，天水堂前的外国人。（吴国方拍摄）

3 杨廷筠捐建的天水堂就在耶稣堂弄的路口，而司徒雷登的故居则在教堂的西端后侧。2021 年秋，我去的时候，马路因为修建地铁被隔断了，仅仅剩下两百米左右。（吴晓波拍摄）

1622年，杨廷筠把一位去世的传教士埋在杨家的祖坟地——桃源岭山麓的大方井，后来这块地就捐给了教会，成了杭州传教士的公墓，引他入教的郭居静和金尼阁，以及创作了《中国新地图志》的卫匡国[1]等人都葬在了这里。1627年，杨廷筠又出资在武林门观巷购得一块土地，建成杭州的第一座天主教堂，即今天的天水桥教堂。同年，杨廷筠去世。

其后数十年间，虽然经历了改朝换代，但天主教在中国的传教事业一直比较顺利。1692年（康熙三十一年），康熙帝还颁布了允许信教传教、"将各处天主堂俱照旧存留"的"容教令"。然而到1721年，罗马教廷严禁中国信徒参加祭祖祀孔，从而引发礼仪之争，康熙帝盛怒，下了一道口谕：既然那么爱嚼舌头，以后洋人就不必来中国传教了，禁止了吧，免得多事。[2]

一直到将近两百年后的19世纪60年代，帝国天朝威风不再，天主教的传教士们才再次踏上了东土，继续利玛窦和杨廷筠他们的事业。

1868年，一位28岁的美国年轻人约翰·林顿·司徒[3]受美国基督教南方长老会的委托到杭州传教，他住在城隍山的一个半坡上，"山坡上零星地散落着一些寺庙和官府"。

在那几十年，数以百计的像约翰·司徒这样的年轻传教士来

---

[1] 卫匡国（Martino Martini，1614—1661），著名意大利传教士，著有《中国新地图志》《中国上古史》《鞑靼战纪》《中国耶稣会教士纪略》等。
[2] 康熙诏书："彼此乱言者，莫过如此。以后不必西洋人在中国行教，禁止可也，免得多事。"
[3] 约翰·林顿·司徒（John Linton Stuart，1840—1913），美国南长老会牧师，1868年来中国传教，在杭州45年。

到了杭州，他们建成了新的教堂，在六和塔下建了浙江的第一所现代大学——之江大学，今天杭州著名的医院——浙大附属第二医院，其前身是教会的广济医院。传教士们聚集居住在当年杨廷筠建的教堂周围，那里就被叫成了耶稣堂弄。对于我而言，在创作这本书的时候，他们当年拍下的照片，几乎是唯一的视像资料。有一次，看一位传教士的照片册，我才发现，原来当年在保俶塔的旁边有一所肺病疗养所。

约翰·司徒和他的太太在杭州生了四个孩子，其中长子叫司徒雷登。他在中国整整生活了50年，当过传教士，是燕京大学的创始人，并出任过美国驻华大使。毛泽东写于1949年8月的《别了，司徒雷登》，是中美外交史上的一个转折性事件。

司徒雷登于1962年去世，当时正是中美关系最为恶化的时候。2008年，他的儿子——也是一位神父，把父亲的骨灰从华盛顿迁到了杭州的半山公墓。司徒雷登能讲一口流利的杭州话、上海话和宁波话，尤其是杭州话，讲起来特别的地道。

4 正在野外拍照的之江大学校长费佩德

5 费佩德的小女儿珍妮特及其保姆（图 4-5 由沈弘提供）

传教士"留下"的杭州

1909 年，珍妮特出生在大塔儿巷的一个传教士家庭，父亲费佩德受教会委派，在六和塔边建设一所大学。这是一个三代在华东传教的美国家族。珍妮特从小由一位中国保姆抱大，少女时期喜欢上了中国艺术，便经常在课余到孤山的西泠印社去学书法。她的父亲后来成了之江大学的校长，他在杭州建了第一个化学和物理实验室、体育操场和图书馆大楼，他酷爱摄影，留下了上千张老杭州的照片。珍妮特后来成了一名业余作家，到了晚年还会讲杭州话，尽管在家里已经没有人能听得懂了。

传教士在中国的评价一直褒贬不一，他们是传播信仰的远行者、文化侵略分子、无可救药的异教徒、中西方文明的中介人、亡命的冒险家和旅行家、半职业的摄影师。无可否认的是，他们是中国走向现代社会的一个生动的媒介。

6 从六和塔俯瞰杭州之江大学校园

7 江边的之江大学

8 之江大学运动场

9 照片中右上角的房子为甘博家族捐赠的之江大学男生宿舍楼，当年被称为"甘卜楼"，如今这座大楼依然存在，外观也没有发生很大变化。

10 正则学校的女生们。大塔儿巷 19 号是一所北长老会合全日制小学，正则学校。在迁进这个校址之前，这里曾经是杭州第一所女校"弘道女校"的所在地。照片中最左侧的女老师，看上去也像是一位教会学校的毕业生。

11 吴山顶上主日学校的三位小男孩。主日学校是基督教会在星期天为信奉基督教家庭的儿童、上不起学的贫苦儿童组织的非正规学校。三位小男孩手上所提的，是杭州早年颇具地方特色的取暖用具。中间的小男孩穿着一件挽袖马褂，上面缝了 5 颗闪亮的新式纽扣。

12 当时宝石山顶被英国圣公会的广济医院（浙大附属第二医院前身）租用，在保俶塔的东、西两面分别建造了肺病疗养所和康复所。

13 坐在驴车上的这位老先生便是广济医院首任院长梅滕更（David Duncan Main），他是苏格兰艾尔郡人，1881 年到杭州，在这座城市住了 45 年。广济医院有 500 张病床、3 个手术室，是当时全国最大的西医医院之一。（图 6–13 均由甘博拍摄，屈皓提供。甘博家族也是之江大学最早的捐赠者之一。）

14 梅滕更在查房时，与小患者深深对揖。这张照片后来被制成铜像，成为浙二医院的精神象征之一。（浙二医院宣传中心提供）

15 张岱式的忧伤

1654年，57岁的张岱在阔别西湖28年之后，再次站在断桥之畔，一时情不能自禁。

此时，已是大清顺治年间，天下再次改朝换代。十年前的1644年，清兵乘乱攻入山海关，仅仅一年多后的1645年6月，杭州就沦陷了。那一年，清兵在江南遭到最激烈的抵抗，因而有了血腥的"扬州十日""嘉定三屠"，昆山、江阴、常熟和嘉兴也相继被屠城。

清兵攻抵杭州时，几百公里外的恐怖杀戮把守城的潞王朱常淓吓坏了，明军只在涌金门外稍稍抵抗了一阵就主动出降，未见惨烈的记录，杭州城再次因"顺从"而被屈辱地保全了下来。黄宗羲的老师、大儒刘宗周当时住在城内，绝食二十三日而死。

清兵入杭，如同当年的元人，"市不易肆"，但是他们要求杭州人剃发，据记载，每天有数百人投运河自尽。城市繁华的凋零，在若干年后仍未得到恢复。张岱看到的景象是：

> 前甲午、丁酉，两至西湖，如涌金门商氏之楼外楼，
> 祁氏之偶居，钱氏、余氏之别墅，及余家之寄园，一带湖庄，
> 仅存瓦砾。则是余梦中所有者，反为西湖所无。及至断
> 桥一望，凡昔日之弱柳夭桃，歌楼舞榭，如洪水淹没，
> 百不存一矣。[1]

张岱出生于万历年间，家族在绍兴一带是仕宦望族，40岁前，他的生活就跟很多年前在这里快活过的王羲之和谢灵运一样，天天周旋在读书和享乐两端，用他自己的话说是：

> 少为纨绔子弟，极爱繁华，好精舍，好美婢，好娈
> 童，好鲜衣，好美食，好骏马，好华灯，好烟火，好梨园，
> 好鼓吹，好古董，好花鸟，兼以茶淫橘虐，书蠹诗魔，
> 劳碌半生，皆成梦幻。[2]

这么一个"十二好"青年到了中年的时候，遭遇国破家亡，从此流离颠沛，躲进深山，因为不肯剃头，就披散着头发，宛若野人。他的同宗晚辈张煌言在舟山起兵抗清，被戮杀于杭州的弼教坊[3]，临州前，张煌言面向西湖轻叹一声："真是

---

[1] 引自《西湖梦寻》。——作者注
[2] 引自《自为墓志铭》。——作者注
[3] 今天的平海路一带。——作者注

1 ［明］，陈洪绶，这是陈洪绶画的张岱像。他卧于蕉叶上，左手靠书籍，右袖倚酒瓮，一脸的愁眉不展。这几乎是那一代亡国书生的共同造型。陈洪绶是张岱的堂妹夫，比他小两岁，明亡之后出家为僧。晚年在杭州的万松岭筑草堂隐居，他在这里画风大变，与八大山人并为当世最怪异而杰出的画家。

好山色。"他的好朋友、老乡祁彪佳沉池殉国了，他本来也想随之而去，可是有一晚，祁彪佳托梦给他，让他活着，把前朝的遗事写下来。所以，后来的很多年里，张岱以"大明遗民"自居，一直躲在绍兴龙山写《石匮书》。听这个书名，你就知道，作者没指望它能印刷发表。

但是，时局变迁已不可逆，他的次子不顾父亲劝阻，决意参加新朝的科举考试。张岱此次赴杭，就是陪同"逆子"，前来参加乡试。直到这个时候，他才突然意识到，大明也许真的回不来了。

2 万松书院的袁枚像。袁枚是杭州人，出生于 1716 年（康熙五十五年），张岱式的忧伤在他那一代的身上已经烟消云散。他是"性灵派"大家，一生放纵享乐，建园子、写食单、养了十多房妻妾、晚年还收了一堆女弟子，快快乐乐地活到了 82 岁。他说自己"好味、好色、好葺屋、好游、好友、好花竹泉石、好珪璋彝尊、名人字画、又好书"。他的爱好与年轻时的张岱简直如出一辙，所不同的是，张岱碰到亡国，袁枚恰逢"盛世"，前者的人生成了一部悲剧小说，后者则是一篇字数很长的闲淡散文。（吴晓波提供）

千万人头落地，又有新的会长出来，弱柳夭桃被摧，自有春风再植嫩枝，这番无奈的轮回，张岱这辈子算是碰到了，之前有很多人碰到过，以后还会有很多人碰到。

后来有几年，张岱住在了杭州，应浙江学政谷应泰之邀，参与编撰《明史纪事本末》。他给新朝干前朝的事，算是"非暴力不合作"。也在那段时间里，他写了《西湖梦寻》和《陶庵梦忆》。

张岱第一次到西湖边是在8岁时，他随祖父到南屏山下的小蓬莱看望一位老朋友。这位老友建了一个叫"寓林"的书院，那里奇石如云，古木苍翠，有一百多位年轻俊俏的书生，此情此景给少时的张岱留下了极深的印象。可是当他50年后再访那里，不但故人和书生早已不在，"寓林"也是围墙俱倒，古木全无，仅存一个残败不堪的瓦砾场了。在西湖之畔，这样的反差，并不仅仅只有一个"寓林"。张岱在书里深深地叹了一口气：

> 余为西湖而来，今所见若此，反不若保我梦中之西湖，尚得完全无恙也。

所以，张岱只能写梦中的那个西湖，只有"梦寻"和"梦忆"。

《西湖梦寻》写了约5万字，其中一半左右是抄录了前人的诗词，共写了西湖的七十多处景点，每则的字数都不多，有的几百字，有的甚至不足百字。张岱寥寥几笔，有景、有议、有趣味事、有一声叹息，如同一幅三维的中国画，任谁读了都会心向往之。他当时所记录的七十多处景点，其中约有四分之一已经消失了，比如峋嶁山房、青莲山房、秦楼、哇哇宕、六贤祠等。它们都只存在于张岱的文字之中。

这两本小书——请记住，张岱是一位史学家，写这些文字仅仅是闲暇的余事——在后世很受欢迎，被认为是文言小品的神作。不过，很少有人能体味张岱在那些夜晚下笔时的心情。他写它们就好像思念年轻时遇到过的那些娇姬美童，美景之于人的忧伤，往往缭绕在文字之外，越是刻骨的思念，越平淡、疏离得若无其事。

在《陶庵梦忆》中，其中一则《湖心亭看雪》，描述的是一个大雪之夜，张岱独自荡舟湖心亭的场景，全文仅两百字：

> 崇祯五年十二月，余住西湖。大雪三日，湖中人鸟声俱绝。是日更定矣，余拏一小舟，拥毳衣炉火，独往湖心亭看雪。雾凇沆砀，天与云与山与水，上下一白。湖上影子，惟长堤一痕、湖心亭一点，与余舟一芥、舟中人两三粒而已。
>
> 到亭上，有两人铺毡对坐，一童子烧酒炉正沸。见余，大喜曰："湖中焉得更有此人！"拉余同饮。余强饮三大白而别。问其姓氏，是金陵人，客此。及下船，舟子喃喃曰："莫说相公痴，更有痴似相公者！"

这篇美文被选进了初中的语文课本。"一痕""一点""一芥""两三粒"真是神来之笔，连日本人在评论汉字的极简之美时，也每每拿这一篇举例说事。我年轻时练习写作，也曾把它当作揣摩和模仿的范本。到了后来，了解了张岱的人生，某一日再读此文，突然体会到，当年作者下笔时，笔尖颤抖得最厉害的几个字，应该是"崇祯五年十二月"。这个看似可有可无的年份背后，是他无处言说的家国沉痛。

土耳其作家费利特·奥尔罕·帕慕克为他居住了一生的城市伊斯坦布尔写了一本书，他用"呼愁"来定义城市的忧伤。那是一座横跨欧亚大陆的古老城市，在一千多年的时间里，被不同的民族征服，并重新命名——从拜占庭到君士坦丁堡，再到伊斯坦布尔，人们不得不一次次地更换自己的信仰、服饰和语言。

当帕慕克为它写作的时候，它已经从"世界的首都"沦为遍地废墟的没落城市。在他的笔下，街道与胜景的"呼愁"渗入每个伊斯坦布尔人的心中，"呼愁"使爱情没有和平的结局，使每个人一文不名，注定失败。

这种浓烈的充满夕阳感的忧伤，似乎并不属于杭州。尽管它也一次次地面临朝代更迭，甚至异族的统治。然而正如张岱笔下的西湖，它更像一位低声啜泣的江南女子，即便在最悲凉的时候，仍然遵循着孔夫子"哀而不伤"的教诲。

这不仅仅是张岱的个人看法，更是一个悠长的传统。

那天，坐在吴山的杭州博物馆，整个图书室仅我和管理员两人。在静静的秋日阳光下，我一本本地翻阅历代关于杭州风俗市貌的书籍，《梦粱录》《武林旧事》《西湖梦寻》《都城纪胜》《西湖老人繁胜录》。它们都是乱世幸存者对昔日杭州的纪实性记录。在作者们的笔下，杭州市井繁华，风景艳丽，市民们日夜欢宴游乐。它们的体例和叙述方式完全一致，文本之间更有互相的借鉴抄录。

我突然发现，这些文字带有巨大的暗示性，它仿佛在诱惑每一个阅读者——"回到过去吧，让我们一起回到过去吧，没有比那时更好的杭州了，没有比那时更好的时光了。"

《梦粱录》多达20卷，共12万字，在古书中是一部篇幅很长的作品。作者吴自牧是一位连生卒年月都没被记载下来的杭州人，他以极其细致的笔触记录了临安城里的风情习俗、宫殿街巷和湖光山色——"湖光山色"这个成语就是出自《梦粱录》。他还写道杭州人爱喝腊八粥，爱吃一种叫"月饼"的面点。在他的描述中：

> 临安风俗，四时奢侈，赏玩殆无虚日。西有湖光可看，东有江潮堪观，皆绝景也。

在该书的序言中，吴自牧说自己写这本书是因为时势改变、万事皆非，自己"缅怀往事，殆犹梦也"。他写作的时间是"甲戌岁中秋日"，这个年份让后世的学者一直猜到今天，有人说这一年是1274年，宋度宗咸淳十年，也有人说是1334年，大元的元统二年。

这些写作者或出于教养，或因为恐惧，或者两者兼而有之，把自己对故国的忧伤隐藏得实在太深了。他们身处悲剧性的处境，却用极大的热情和细腻的篇幅追忆过往的种种繁华，以这种极度反差的方式来曲折地表达自己的意志。文字有时扮演与时间交易的角色，它从柔弱的湖笔中流出，却顽冥不化。对于那些写作者来说，它是最廉价的药方，可以治疗一切，吴自牧和张岱们相信这一点，我现在也仍然相信这一点。

世人都说书生没用，"无事袖手谈性情，有难一死报君王"，如此而已。但是，他们其实一直在抵抗。张煌言书生领兵是一种抵抗，刘宗周绝食和祁彪佳沉池是一种抵抗，张岱苟且地活着，写书编书，何尝不是。美国史学家史景迁[1]在《前朝

---

[1] 史景迁（Jonathan D. Spence，1936年—　），美国当代著名的中国史研究专家。

3 [清]，谢遂，此幅为清代画家谢遂的仿宋人《寒林楼观图》，表现的是临安城内冬日雪后的景致。透过寒林，呈现出一片华美的楼阁，为了庆祝初雪，一场盛大的宴席即将开始。远处，佛塔、大雄宝殿在风雪中若隐若现。与张岱写《西湖梦寻》一样，都是后人试图呈现出前朝的景致。（故宫博物院提供）

梦忆：张岱的浮华与苍凉》一书中，把张岱与屈原、陶渊明做类比，他们都是乱世中的清醒人。而在我看来，张岱不如屈原"洁白"，却比陶渊明勇敢。

这种张岱式的忧伤，非常的古典中国。

很多年后，我才突然在《湖心亭看雪》中体味到他的那份沉痛。那些美好的文字像一颗被很厚很厚的糖衣包裹着的药丸，张岱用它们完成了一次亡国者的自我疗愈和救赎。而杭州和西湖，恰好是最合适承载这一情感和主题的容器。

16　消失的满城

　　我读的中学是浙大附中，大部分同学是求是村里的教师子弟，不过也有几位是附近玉泉村农民的孩子。他们穿的衣服跟我们不太一样，杭州话也说得更加地道，但在我们听来就是很土渣的那种。在学校里，他们是边缘的一群，特别是女生，眼神总是怯怯的，走路都不走在路中央。那个时候，少年的我们已经有了城市与农村的势利分别。

　　有一次，听一位语文老师说，玉泉村里有不少姓叶和姓金的人家，他们以前都是满人。他说到"满人"的时候，一脸很神秘的样子。那时还没有清宫剧，我们对满人完全没有印象。据老师说，每年的农历十二月初一，这些人家就会请出祖宗像来祭拜，那是一些很陈旧的彩绘像，上面是穿着复杂官服、神情严肃的老人。在那一天，他们还不宰杀牲畜。

　　至于为什么是农历十二月初一，老师没有讲，我们也懒得问。

阿马蒂亚·森[1]说，人因身份而自我界定，因此产生社群的安全感和认同上的焦虑。满汉之别，在今天的我们听来是很遥远的事情了，不过有两百多年的时间，它是杭州城里的最重要的社群矛盾。

满人入关，以20万甲兵统治六千万心怀仇恨的汉人，面临很艰难的治理问题。顺治帝想出了一个办法，他在全国最重要的14个城市设立精锐的驻防部队，负责周边数百公里内的军事安全。杭州与西安、江宁[2]是最早的三个试点。驻防军的最高长官是将军，为正一品（乾隆年间改为从一品），高于巡抚的从二品。

旗人驻扎杭州，最初有3000多兵卒，加上行军家属，应超万人。按满汉分治的制度，建筑了一个"城中之城"，杭人称之为旗下营或满城。

首任杭州将军董阿赖选中了钱塘门至涌金门一带为营址，这是杭州城内最繁华的地区——唐时李泌挖掘的六井都在满城的范围之内，原居杭人一律迁移他处，而房屋主人仍然要按原来的规定继续缴纳20年的粮税，这相当于缴了房子还要养兵。[3]

满城筑有城墙，城基用黄石垒就，上用厚厚的青色城砖砌筑，周长9里，高6.63米，宽2米，城墙之上可容两匹马通过，并安放火炮。围城共有5个城门，分别从西北、东北、东、南开向汉人居住的杭州城，满城总占地面积1400余亩，为清代杭州城内总面积的13%。

---

[1] 阿马蒂亚·森（Amartya Sen，1933—　），1998年诺贝尔经济学奖得主。

[2] 今南京。

[3]《康熙仁和县志》："此方之民，扶老携幼，担囊负签，或播迁郭外，或转徙他乡，而所圈之屋，垂二十年输粮纳税如故。"

1　1895 年的满营八旗兵

2　1908 年杭州城内的新式清兵（图 1-2 由视觉中国提供）

历任杭州将军中，最出名的应该是年羹尧。1725年（雍正三年），这位深得皇帝宠信、为朝廷刚刚平定了西北之乱的抚远大将军，突然遭到弃用，4月被贬任杭州将军，半年后以92条大罪押送北京，责令自尽。民间传说，年羹尧曾在涌金门下扫地守城门，但这应是幸灾乐祸的戏说。

清代的杭州城内约有居民70万人，作为一个特权阶层，上万满人是一个格格不入的"异类"群体。在相当长的时间里，满汉关系一直十分紧张，为了维护血统的"高贵"，清廷规定，满族男子不得参加科举考试，必须懂"国语骑射"，不得娶汉女为正妻，死后一律要安葬到北京或东北的原籍地。

长年驻扎的3000个旗兵，为了备战的需要，每人配3匹马。与旗营仅一墙之隔的西湖就成了天然的放马处。上万匹战

3 1986年，延安路北端。延安路原来叫延龄路，是清朝驻兵的旗下营。到20世纪60年代，大家都还叫它"旗下"，住在武林门外的人进城，都说"到旗下去"。（吴国方拍摄）

马每日游弋湖畔，宛如江南的塞北。远远望去，八旗骑兵纵马射箭，刀光剑影，倒是一道从来没有见过的风景，因此有了"亭湾骑射"一景，亭湾就是现在湖滨的一公园。然而，兵马过处，沙乱草没，湖边的桃柳等树木更是被樵采殆尽，同时湖水遭到了极大的污染。再加上湖畔别墅的那些汉人大户都避迁他处，楼台水阁从此败坏。这应该就是张岱所看到的西湖凋零景象的原因。

旗人是游牧出身，不事农耕，也不懂商贸，所以最好的牟利之道，就是放高利贷。他们通过被称作"营线"的本地掮客，用手中的银钱向杭州的升斗小民发放贷款，是为"营债"。当有市民无力偿还，旗人就用自己的特权趁机夺取他们的房产和妻儿，或迫使借款人卖身为奴。

1682年（康熙二十一年），在城北的武林门附近，营债问题引发了商民的一场罢市抗议。康熙帝派官员赵士麟调查此事，发现当地百姓所欠营债本利相加已达30万两之巨。赵士麟上书朝廷，将营债数额削减到原来的十分之一，并明令永禁营债。杭州人感念其恩，在西湖孤山的北麓为他建造了一座赵公祠，比邻林和靖墓。日久之后，市民想当然地把"赵公"演绎成了财神爷赵公明，赵公祠成了香火甚旺的财神庙。赵士麟若在天有灵，应该会哭笑不得。

对于杭州人来说，改朝换代并不是生活的对立面，而是作为生活的可能性一直存在。西湖和灵隐如同两个顽固的存在，即便在某些时刻粉黛全失，也容颜犹存。当她们被掷进了黑暗，就静静地忍受和等待，直到黑暗成为她们的一部分。

在后来的一百多年里，满汉两族"日久生情"，终于融而为一。越来越多的满人学习汉语甚至杭州话。满人被允许参加科举，他们学会了在西湖边吟诗欢宴，也自然像城里的汉人们那样，按照"幽赏清单"来过安逸的日子。在宗教上，他们放弃了萨满，转而成了观音和弥勒的信徒。那个死后迁葬回东北老家的规定，更是渐渐没人遵守了。

1689年，康熙第二次南巡到杭州，特地在满城的大校场举办盛大的阅兵，驻扎的旗兵个个奋勇卖力，展现了百步穿杨的功夫。皇帝非常满意，为此专门赋了一首《阅浙江驻防将士射》：

> 羽林旧将分防重，吴越名区古要疆。
> 讲武正宜清晏日，人人自擅技穿杨。

4 ［清］，《康熙南巡图（卷九局部）》，康熙帝检阅八旗劲旅（故宫博物院提供）

　　不过，到了一百多年后的1780年（乾隆四十五年），轮到乾隆帝南巡杭州时，表演骑射的旗兵已经只能拉拉大旗，装装样子了。乾隆也写了一首《阅武诗》，内容则是告诫旗人们要勤练武备，"虽安不忘危"。他已经注意到旗人的汉人化倾向，当地旗兵的满语已十分生疏，而所讲的汉语则完全是当地口音。他在另一首诗中很感慨地写道：

　　　　已此百年久驻防，侵寻风气渐如杭。

　　1851年（咸丰元年），太平天国起事，江南再陷战乱。1860年2月，忠王李秀成率太平军攻打杭州，前锋进抵武林门。当时守城士兵仅有2000多人。太平军引爆地道里的火药，炸开城墙冲入，巡抚罗遵殿自杀。旗营城在清兵的拼死抵抗下，未被攻破，太平军撤兵而走。

第二年的10月，李秀成再次来犯，太平军合围攻城，并从钱塘江搬运船只经慈云岭放入西湖，与旗营西湖水师大战湖上，旗军溃散。12月28日，杭州城破，巡抚王有龄自杀。2日后，满城被攻陷，将军瑞昌自杀。数千旗人不分男女老幼负隅顽抗，有的人家集体举火自焚，最后被杀得只剩下46人。

后来数十年间，为纪念这一兵祸，每年十二月初一，杭州全城禁止屠宰。我的那些玉泉村同学家里的祭祀，便是这一传统的遗留。

到1864年春，左宗棠克复杭州。此时的全城居民或死或逃，人数竟从70万人锐减到不足10万，可谓923年钱镠建城以来，最大的一次灾难。偌大的一个满城，官署兵屋全毁，只剩下一些烧黑了的墙壁。新任杭州将军草草地重筑了土墙，上以瓦片覆盖，厚仅六七尺，高也不过一丈。

1911年辛亥革命爆发，11月4日夜间，革命军攻击满城。鲁迅在一篇文章中记录道：

> 革命军围住旗营，开枪打进去，里面也有时出来。然而围得并不紧，我有一个熟人，白天在外面逛，晚上却自进旗营睡觉去了。
>
> 虽然如此，驻防军也终于被击溃，旗人降服了，房屋被充公是有的，却并没有杀戮。

相比当时的西安、成都等地，杭州满城和满人的结局是最为温和的。

民国成立后，那个破旧不堪的满城城墙就被迅速地拆掉了，旗人们纷纷给自己起个汉人的名字，从此消失在雾霾般的历史里。久而久之，再也没有人记得那段往事，这样的事情，在这座城市里当然不是第一次发生。

在那个革命党人攻击满城的惊恐之夜，一位七岁的旗人男孩大哭不已，他后来回忆道："家人把我单独藏在南高峰上的一所小寺庙，叮嘱我有人来切不可承认是旗人，但是我脑袋后边有一条小辫子，生怕被认出来，那种幼时的恐慌是久久都忘不掉的。"

这个男孩是满族伊尔根觉罗氏，长大后有了一个汉人名字，叫常书鸿。他在浙江省立甲种工业学校完成学业，1943年到敦煌，从此一生成了那里的"守护人"。

17 皇帝的江南

皇帝专心致志地俯下身子，看茶农在一口大铁锅里炒茶，一脸痴迷喜悦的神情。周边的大臣们俱屏息凝神，不敢发出一点声响。他年方四十，身材修长，单眼皮，高鼻梁，是一个极有气质的中年人。

浅绿色的嫩芽是清晨刚刚从带露的茶树梢上采下来的，一叶一芽，状似雀舌，随着茶农双手的翻滚旋压，渐渐地颜色变深。茶叶的清香从铁锅里散出，缠绕在每个人的鼻间、身上，然后又如精灵般地弥漫在空气里。

皇帝端起一杯刚刚炒制完成的新茶，先闭目静嗅片刻，然后优雅地品了几口。接着，他转到一张书桌前，端起早已候好的湖笔，沉吟片刻，开始写诗：

火前嫩，火后老，惟有骑火品最好。

西湖龙井旧擅名，适来试一观其道。

村男接踵下层椒，倾筐雀舌还鹰爪。

地炉文火续续添，乾釜柔风旋旋炒。

慢炒细焙有次第，辛苦工夫殊不少。

王肃酪奴惜不知，陆羽茶经太精讨。

我虽贡茗未求佳，防微犹恐开奇巧。

防微犹恐开奇巧，采茶揭览民艰晓。

　　他的书法圆润秀慧，大臣们都誉之为"千古帝王第一"，不过后世的评价是"有筋无骨"，水平其实很一般。但这一首《观采茶作歌》倒是写得十分细致清新，茶农的举手投足和火候的细微变化都被他一一捕捉到，字句之间读得出作者兴致勃勃的神情，在诗的最后，他还不忘提一句民生疾苦。

　　这美好的一天是在1751年（乾隆十六年）三月，乾隆皇帝弘历第一次下江南，来到了杭州西南的龙井村访茶。

　　"我当皇帝五十年，最重要的两件事，一是平定西北，一是巡视江南。"[1]在第一次南巡的34年后，乾隆第六次到杭州，很严肃地写下《御制南巡记》。他想告诉世人的是，皇帝南巡乃国家大计，并不为了个人享乐。到龙井访茶写诗，仅仅是余事而已。

　　大清皇帝执政时间最长的便是康熙和乾隆，加上中间短暂的雍正，前后134年（1662年—1796年），史称"康乾盛世"。华夏文明发展到这时，已趋于极盛，城市经济的繁荣和

---

[1] "予临御五十年，凡举二大事，一曰西师，一曰南巡。"

1 龙井亭。龙井因"龙井泉"而得名。传说井与海相通，其中有龙，故名龙井泉。（资料图片）

劳动生产技术都领先于世界，经济总量占到全球的三分之一，相当于当今美国在世界经济中的比重。如果西方没有发生工业革命，康乾便是"历史的终点"了。

两个长寿皇帝都爱南巡，分别各有六次，除了康熙的第一次止于江宁，其余十一次的终点都是杭州。

如果说"西帅"是为了保疆拓土，那么"南巡"就是为了钱袋和人才。天下的赋税有六成在江南，而科举精英更是聚集于此。清初南下时，满人在这里杀戮过度，人民颇有积怨。因此，无论从经济还是政治的角度，频繁的南巡都是皇帝在战略上的必要之举。

皇帝南巡，走的便是京杭大运河。在北京的积水潭下龙舟，经直隶[1]、山东、江苏入浙江，全程1500公里，沿途设40个接待点（行宫），为之服务的官吏、商人难以计数，仅拉纤的兵丁便需3600人。

运河是帝国的经济命脉，运河稳，则天下稳。皇帝一路体察民情，督导官员，处理漕运、盐政和河道治理事宜，实质上是6~10年一次的大型现场办公工程，游山玩水真的倒在其次。

作为终点站的杭州，当然是每次南巡最大的获益者。这意味着一次又一次城市和湖泊面貌的治理。为了接待皇帝，当地官员不惜成本，几乎新建和改造了所有的园林和风景点，其营造精美，带有明显的皇家建筑的气质，这为日后的杭州旅游奠下了其他城市难以比拟的优势。

一些原本已经颓败萧条的风景，若皇帝偶一惦记，便又从历史的图卷中复活了。有一次，康熙在吃早饭的时候问浙江总督："听说'万松听涛'的风景很是不错？"当时的万松岭已"平为大涂，而松亦无几"，总督大人连夜让人补种松树万株，等过一月，康熙去的时候，已经是松涛澎湃，与江上潮声相应答了。

两位皇帝还有一个共同的爱好，就是题字和写诗。他们每次在杭州都会停留十天到半个月，四处游历的同时，到处题字和费尽心思地吟想诗句。

---

[1] 今河北。

2 〔清〕，《康熙南巡图（卷九局部）》，（左）南巡人马过钱塘江，（右）康熙皇帝祭谒大禹陵（故宫博物院提供）

　　"西湖十景"之说，最早是南宋的祝穆在《方舆胜览》一书里提出的，分别是苏堤春晓、平湖秋月、断桥残雪、雷峰落照、南屏晚钟、曲院风荷、花港观鱼、柳浪闻莺、三潭印月和两峰插云。康熙就按图索骥，在每一处风景点都盖一个御亭，竖一块御碑，顺便的他还改几个字，把雷峰落照改成了雷峰夕照，两峰插云改成了双峰插云。他是皇帝，当然是他说了算。

　　有的时候，皇帝把字写错了，也会留下一则风流轶事。有一次，康熙为灵隐寺题写匾额，一时兴起把繁体"靈"字的"雨"字头写得过大，下面的纸不够用了，一位机灵的大学士便悄悄在手心上写了"雲林"二字递过去。从此，灵隐寺天王殿上的那块大匾额就变成了"云林禅寺"。

　　乾隆则爱写诗，他一生写了43630首诗，创下中国诗人的纪录，尽管没有一句广为流传，却也是以量取胜。他为杭州写了数百首诗，在数量上应该超过了白居易和苏东坡。有些景

点，他每隔十来年去一次，"熟路越觉近，忽到悦心地"，竟有似与故人久别重逢的小愉悦。

两位皇帝为杭州真正带火的产品，便是龙井茶。

茶是中国文人的心头好，苏东坡的"且将新火试新茶。诗酒趁年华"，道尽中国式的人文趣味。江南出绿茶，杭州最早出名的是径山寺的茶，唐时已传到了日本。龙井一带产茶，在明代的时候稍稍有了一点名气。

龙井出好茶，原因有二，一是土壤气候奇特，二是炒作工艺精妙。

有一年，我碰到中国农科院茶叶研究所前所长陈宗懋，向他请教一个问题："为什么龙井出好茶？"老先生告诉我，龙井的土壤特别适合优质茶的种植，唐代陆羽在《茶经》里，就曾将之评定为"砾者上"。但到底有多特别，陆羽其实也没

3［清］，《康熙南巡图（卷九局部）》，（左）绍兴城、（右）南巡图卷首（故宫博物院提供）

太说明白。陈宗懋就专门做过一次量化研究，结果发现，在数十万年前，龙井一带下过一场陨石雨，陨石沉积为"西湖石英岩"，富含硒等有益人体的微量元素。它的残积物和粉砂质泥岩风化而成的白砂土与黄红壤土，构成了龙井独特的沙质土壤，疏松肥沃，最为适合茶植。

在气候上，龙井茶区被群山环绕，气温要比城里低三四摄氏度。我记得小时候去龙井晨跑，每每会看到一个景象：一层淡淡的薄雾笼罩在万千茶树之上，如丝如帛，互为滋养，缠绵不去。

所以，一杯好茶得天地精气，自有不可言说的妙处。用陈宗懋的话说："龙井出天下第一等佳茗，是老天爷赏茶。"

在工艺上，龙井茶农用祖上传下来的手法，经过八道工序，将茶叶炒制成扁平光滑的形状，形成美妙的"雀舌金

第九卷敬圖

皇上渡錢唐江經蕭山縣途中水村漁舍參錯桑

圍遠近掩映蓬茁抵紹興府

皇上於是備法駕蕭羽衛巻詣高陵敬循祀事我

皇上軫念河堤安瀾泰績地平天成之功直追神

禹萬姓夾路歡抃咸仰戴我

皇上祀神勤民之至意允宜炳之丹青用垂盛典

云

芽"。乾隆写的那首《观采茶作歌》，对龙井茶的炒作工艺进行了细致的观察和描述。有一次，他在龙井的胡公庙前驻足喝茶，一时心情大好，把旁边的十八株老茶树封为"御茶"，日后年年送京，是为贡品。

中国是茶的故乡，千百年来，茶叶的品种难以计数，而且品质口味各有所好，其实很难分出上下。不过，因为两位大清皇帝的偏爱，上行下效，龙井竟成了天下百茶之首。

新中国成立后，中国农业科学院把茶叶研究所设在了杭州的龙井，1990年又在这里建成中国茶叶博物馆。至此，杭州拥有了丝绸、茶叶两个国家级的博物馆。

回望乾隆在龙井看茶农炒茶的1751年春天，皇帝正值盛年，大清国泰民安，如果历史的时间停止在那一刻，也许是最

4 [清],《孤山行宫图》,康乾两帝在孤山建行宫,行宫的御花园后改造为中山公园。(视觉中国提供)

完美的。

美国学者彭慕兰[1]在研究中发现,18世纪到19世纪初期的中国,是当时世界上农业文明水平最高的国家,"中国比较富裕的地区主要是江南,迟至18世纪中后期,该地区在相当意义上极具经济活力,相当繁荣"。杭州和苏州地区,无论是人均劳动产值、文化教育水平还是家庭财富值,在全球都是最先进的城市之一。

然而,18世纪到19世纪初期也是世界发生巨变的时刻。1752年,美国人本杰明·富兰克林在费城进行电风筝实验,由此提出了电流理论。1775年,美国爆发独立战争。1776年,英国人亚当·斯密发表《国富论》。1776年,詹姆斯·瓦特制造出

---

[1]彭慕兰(Kenneth Pomeranz, 1958—   )美国汉学家,著有《大分流: 欧洲、中国及现代世界经济的发展》《贸易打造的世界》等书。

世界上第一台蒸汽机，工业革命的滚滚浓烟从英伦半岛的上空飘起。

根据英国学者安格斯·麦迪森[1]的统计，从1700年到1820年的120年间，中国的人均GDP增长率为零，而在同期，美国为72%，欧洲为14%，日本为13%，全世界的平均增长率为6%。

新的经济和政治发动机在世界的西方已经启动了，而龙井茶田里的皇帝和杭州城里的子民们显然并不知道。

5 康熙题写的"云林禅寺"（视觉中国提供）

---

[1] 安格斯·麦迪森（Angus Maddison，1926—2010），英国经济学家，著有《世界经济千年史》。

6　杭州城外的运河与寺院

1793 年的杭州素描

1793 年，乾隆五十八年的夏天，英国派出的第一个官方访华使团到达了中国，团长是马戛尔尼爵士。这是近代史上，东西方两大文明在官方意义上的第一次"非亲密接触"。在热河行宫，因马戛尔尼拒绝行跪拜礼，这次观见不欢而散。

当年的 11 月 10 日，使团在返回的途中经过杭州。一位名叫威廉·亚历山大的年轻团员在短暂的停留中，画下了十多张水彩画速写。透过他的笔触，我们可以目睹当时的场景：城墙外繁忙的运河、官船停泊对岸的衙门、高大的牌坊、扫墓的队伍以及西湖上挂着大帆的游船。

在明媚的风景画背后，西方人有着自己的解读。马戛尔尼在日记中写道："当我们每天都在艺术和科学领域前进时，他们实际上没有前进。至少在过去的一百年里没有改善，或者更确切地说反而倒退了。"

7 城门外的牌坊
8 送葬的队伍

9 西湖上的游船与游客

10 特使团船只停泊处的一个衙门（图 6-10 均由沈弘提供）

18 胡雪岩的败局之夜

　　1882年春末的一个月夜，河坊街上灯影幢幢，一派市井喧哗的景象。在大街的侧面有一条仅两米余宽的元宝街，陆陆续续地抬进了十余个轿子，下轿的人们显然相熟，互相热情地作揖打招呼。

　　主人端坐于正堂，微笑地看着大家鱼贯而入，他年近六旬，瓜帽团绸，一身商贾的打扮，却非常辣眼地披着一件黄马褂。

　　当年议事的宅子迄今还在。它占地十余亩，在江南园林中不算太大，然而布局紧凑、构思精巧，极尽奢靡之事，所用木材俱为紫檀、楠木和银杏木等，全宅仅铜铸件就重达十余吨，后花园的假山是江南最大的人造溶洞。据传主人为了打造它花了上百万两白银，乃当时"天下第一豪宅"。

　　宅子主人的身份当然也非比寻常。他叫胡雪岩，是帝国上下无人不知的"红顶商人"。

1 胡雪岩故居，这个楼阁当年是杭州城区的"制高点"。（视觉中国提供）

胡雪岩活着的时候，就已经是一个传奇了。他是安徽绩溪人，幼年丧父，家境贫寒，徒步百里到杭州，进了一家钱肆当学徒。他头脑活络，善于经营，很得于姓主人的信赖，主人竟在临终前将钱肆都赠予胡雪岩。不过，他真正的发迹却是从结识了左宗棠才开始的。1862年，胡雪岩因机缘攀上时任浙江巡抚的左宗棠，此后20年里他一直是左宗棠的采运官，为之筹措钱粮、军饷，成了后者的"钱袋子"。

也正是在这个过程中，胡雪岩的财富惊人地暴增。他依仗左帅权势，在各省设立阜康银号二十余处，成为信用最好、实力最强的徽商钱庄，并经营中药、丝茶业务，操纵江浙商业，资金最高达两千万两以上，拥有土地万亩，在短短二十年内一跃成为全国首富。

胡雪岩商业直觉超众，注重诚信，为人圆润，处世周全，在狠狠赚钱的同时还深得朝廷信赖，被授江西候补道，一品顶戴，还是清朝三百年唯一一个被赐穿黄马褂的商人。胡雪岩从容游走于商场、官场之间，挟官势而谋私利，是一个典型的官商，被认为是五百年才出一个的商业奇才。

今晚的私宅密会，胡雪岩是透过南浔丝商庞芸皋安排的，他确是有一件大事要做。

自晚明以来，江浙一带就是全国纺织业的中心，所谓"日出万绸，衣被天下"。几百年来，靠丝业致富的巨商大贾比比皆是，江浙终成近代中国最富庶的地方。仅在湖州南浔，就有"四象八牛七十二金狗"，称"象"者，家产需在一千万两白银以上，当时清廷每年中央税赋收入在五千万到七千万两白银之间，可见丝商之富足。

江浙商人俨然与晋商、徽商并称为"三大商帮"。胡雪岩为左宗棠采购军需，自然少不了与丝商打交道，他与"四象"之一的庞芸皋是十多年的商业伙伴，他们合伙做蚕丝生意，还一起倒卖军火。

19世纪60年代之后，江南丝商面临重大危机。当时，英美各国开始在上海开设机械缫丝厂，西方工业革命的技术创新就是从纺织业开始的，所以中国传统手工缫丝的生产效率和质量根本无法与机械缫丝竞争。洋商为了进一步掠夺中国的廉价劳动力和原料，垄断蚕丝出口市场，拼命压低生丝价格，抬高厂丝价格，从中攫取暴利。

1868年，生丝每担市值白银517两，到1875年，每担价格已下跌至285两，再过8年，更暴跌至200两。兴旺百年的江南纺织业迅速没落，昔日富可敌国的丝商们顿时都成了"病象瘦牛丧家狗"。

目睹此景，胡雪岩认为商机浮现：缫丝产业蒸蒸日上，而作为原材料的生丝却价格日跌，这是一种极其不正常的现象。

被庞芸皋召集到胡宅的，便都是杭嘉湖三府最有势力的大丝商。胡雪岩开门见山地谈道：大家现在的困局，正是因为过去这些年里各自为战，被洋人控制了价格权。因此，必须在下个月开始的生丝收购中，拧成一股绳，控制丝源，击溃洋人。他还告诉了大家一个好消息，据他的情报，在过去的两年里，欧洲农业遭受天旱，生丝收成减产。

胡雪岩的一番分析，让整个议事厅的气氛无比热烈，有帝国首富登高一呼，丝商们仿佛看见了明媚的曙光。就在那个春末月夜，中国近代商业史上第一场中外大商战的引线被点燃了。

1882年5月，春丝上市，胡雪岩带头入局。他投入巨资大量购进生丝，丝商纷纷跟进，见丝就收，近乎疯狂。到10月，华商手中的生丝已达1.4万包。那几个月，胡雪岩坐镇元宝街，日日盘点战绩，江浙沪的丝商几乎全数卷入。

与胡雪岩同时代的晚清学者欧阳昱在《见闻琐录》中详细记录了这场商战的猛烈景象：其年新丝一出，胡即派人大量收购，无一漏脱，外商想买一斤一两而莫得，无可奈何。向胡说愿加利一千万两，如数转买此丝，胡非要一千两百万两不可。

2　清末民初的丝织机，自南宋以降几乎没有改良。在机械化缫织机的面前，它不堪一击。（甘博拍摄，屈皓提供）

外商不买，过了数日，再托人向胡申买，胡坚持咬定此价。洋商无可奈何。

在一开始，胡氏战略似乎非常奏效。西方学者斯坦利（C. John Stanley）在《胡光墉与晚清财政》一书中记录：1882年9月，上海一级生丝价格已高涨至17先令4便士，而在伦敦交易所的价格仅为16先令3便士。国内价格反超国际期货价。到1883年8月，大商战进入决战时刻，胡雪岩集团前后已投入资金超过1500万两，继续坚壁清野，囤货坚挺，大部分上海丝商停止营业，屏气而作壁上观。华洋双方都已到忍耐极限，眼见胜负当判，谁知"天象"忽然大变。

变数之一，欧洲意大利的生丝突告丰收，伦敦期货市场的紧张顿时暂缓，消息传回中国，军心开始动摇。

更大的变数是，中法因越南问题交恶，爆发战争。1883年10月，法国军舰驶抵上海吴淞口，扬言进攻江南制造局，局势紧张，市民提款迁避，市面骤变，金融危机突然爆发。外国银行和山西票号纷纷收回短期贷款，个人储户也紧急提现。一般商品无不跌价30%~50%，所有房地产都难脱手，贸易全面停顿。

世局如此，胡雪岩已无力回天。同年11月，江浙丝商的价格同盟瓦解。生丝易烂，不能久储，胡雪岩们不得不开始抛售，价格一路狂泻，损失以千万两计。

生丝对搏失利，很快影响到"坚如磐石"的钱庄生意。民众排队提款，一些与胡雪岩不和的官员乘机逼催官饷，可怕的挤兑风潮出现了，先是杭州总舵关门，继而波及全国各地的二十多个字号，到12月5日，阜康钱庄宣告破产。

对胡雪岩最后的打击是1885年的9月，他的靠山左宗棠病逝于福州。11月，朝廷下令对胡雪岩革职查抄，严加治罪。他遣散姬妾仆从，在圣旨到来之前，就非常"及时"地郁郁而死了。

"红顶商人"以一种无比莽撞和壮烈的方式挑战英美纺织公司，这应该是传统商业力量在技术和工业模式都处绝对劣势的前提下，进行的一次绝地反击。他的破产宣告了传统商人的集体陨落，"三大商帮"中的两支，徽商和江浙商人在此役中损失惨重，从此一蹶不振。

自唐宋以来繁华千年的江南蚕丝业彻底崩盘了。丝商纷纷转向其他生意，与胡雪岩结盟的庞芸皋甚至在死前留下"遗训"，警告后人决不可再碰"白老虎"——"白老虎"者，白丝与白人也。时人哀叹："江浙诸省，于胡败后，商务大为减色，论者谓不下于庚申之劫。"

对于杭州来说，铁路替代运河，使得运输中心的地位丧失；上海的崛起，意味着银行对钱庄的战胜；而胡雪岩之败，则决定性地打击了第一大产业——手工丝织业。这一连串的现代化攻击，让城市繁荣失去了经济基础，一个黯然失色的20世纪就这样如期而至，它的发生完全不在人们的预期之中。

胡雪岩去世后，连体面一点的葬礼都来不及举办。他的棺木被一老仆悄悄运出城外，埋于西郊鹭鹚岭下的乱石堆中，一直到整整100多年后的20世纪90年代，才被人偶尔发现。

今日的游人到元宝街的那个故居，仍可目睹精美的砖雕、玲珑的怪石和美轮美奂的园林风景。他的十几个妻妾各居一屋，屋内都安装了从欧洲进口的彩色玻璃，阳光从院子的树叶间透入，宛如斑驳的梦境。万物静美，只是人去楼空，寂寥得连一声叹息都无处可觅。

拐出元宝街，过了中河约一里地，就是清河坊，高墙古朴的胡庆余堂国药店人声鼎沸，它与京城的同仁堂并称南北两大药号。这是胡雪岩当年造宅子的同时，顺手办的一桩善事和"小生意"，一百多年，倒是存续了下来。

3 元宝街。当年江南第一豪宅，门前的巷子真的是那么狭窄。胡雪岩故居的背后就是巡抚衙门。红顶商人建宅子也是那么的无所避讳。（吴晓波提供）

4 河坊街上的杭式丝绸店和"爱马仕香肠"。（吴晓波拍摄）

5 1999 年，胡庆余堂老墙处的河坊街。（吴国方拍摄）
6 2021 年的胡庆余堂（吴晓波提供）

19　革命者的孤山

第一次到杭州是1890年的冬天，那时的秋瑾，是一位15岁的官家少女。她先在萧山的外婆家住了几天，然后过江去了西湖边的孤山。隆冬的江南，万木萧条，只有林和靖墓前的白梅如约开放，少女写下平生的第一首咏梅诗：

仙子白衣初谪降，佳人素袂最相思。

孤山处士空唐突，未许门墙綱粉施。

15岁少女的"相思"，还没来得及染上世俗的尘埃，便与粉墙上的梅花一般纯净。秋瑾应该不会料到，17年后，她将埋骨孤山，与当初的赏梅之地仅一箭之遥。

秋瑾是清末万千革命者中最富传奇的人物之一，她出身官宦世家，嫁于湘潭巨富，却立志暴力反清。就在她孤山赏梅之前不久，清帝国和日本相继开始了洋务运动和明治维新，四年后的1894年，清海军惨败于甲午海战，李鸿章被迫签下无比屈辱的《马关条约》，三千年大梦从此唤醒。1904年，秋瑾赴日留学，加入反清组织。一年后返国，成为光复会首领。

那几年，秋瑾多次从绍兴到杭州密会各路英豪，住在鼓楼附近的过军桥荣庆堂客栈。她最后一次游西湖是1907年3月17日，与密友徐自华泛舟湖上。也许是对前途早有预感，两人订下"埋骨孤山之约"。

仅仅四个月后，秋瑾被清军逮捕，杀害于绍兴轩亭口，时年32岁，临刑绝笔："秋风秋雨愁煞人。"

秋瑾被杀后，1908年2月，徐自华依照生前之约，把故友迁葬于孤山的西泠桥畔，树一石碑，上刻"呜呼鉴湖女侠秋瑾之墓"。

女侠殉后四年，革命终得成功。

1911年10月10日，武昌首义，辛亥革命爆发。11月3日，湖州人陈其美率同盟会会员火烧上海道，攻占城门，上海随即宣布光复，陈其美出任沪军都督。当日晚上，陈其美组织了一支由75个人组成的敢死队奔赴杭州，队长是他的结拜兄弟——24岁的蒋志清，他给母亲写诀别书，表示自己誓为革命牺牲，希望母亲不要挂念，"恕儿不孝之罪"。其母回信道："死生一视与义，毋以家事为念。"

敢死队于第二天的午夜一点包围巡抚府（今天的建兰中学所在地），攻击的第一枪在镇东楼打响。据上海的《民立报》报道："敢死队之编制共分五队，以蒋志清为指挥官。以十五人为一队，每队手枪手十名，炸弹手五名，先后继进。出入于

1 孤山林和靖的墓前，有一道窗花格的粉墙，是当年秋瑾的赏梅处。细雪年年都来，山孤石寂树老，梅花本无心事，俱是人间叨扰。（孙午飞拍摄）

2 1907 年，西泠桥畔的秋瑾墓。（资料图片）

弹雨之中，而无一惧色。凡直接各将校，无不深为感心也。"[1]

敢死队冲入抚署，卫队略事抵抗，旋即降服，巡抚增韫被擒。蒋志清因此一战成名，他便是后来的蒋介石。

杭州光复后，全城遍挂白旗，浙江军政府成立，汤寿潜出任浙江都督。当时国内已有十五省响应起义，只有"辫子将军"张勋死守南京，革命党人损失惨重，浙军抽调三千余人北上驰援，组成敢死队血战紫金山。

在这场战役中，浙军阵亡68人。烈士遗骨被运回，商议择地建墓，秋瑾的光复会同志王金发等人提议，就在孤山与先烈为邻。1902年年初，忠烈祠和"浙军攻克金陵阵亡诸将士之墓"在孤山东麓建成。墓分七穴，呈扇形，环列如星，两侧各有一记事碑，杭人称之"七星坟"。

孤山的占地约20公顷，高38米，怎么看，都是一个弹丸之地。自林和靖"暗香浮动"之后，千年以降，这里从来是文人徘徊惆怅的风流地：白居易等人都曾结庐于此；康熙和乾隆在此建了一个孤山行宫；光绪年间，吴昌硕等人在这里办了西泠印社。然而，自从秋瑾葬于此地之后，孤山突然平起凌厉之气，革命者竞相追随而至，这里成为他们最理想的埋骨之地。

就在"浙军攻克金陵阵亡诸将士之墓"建成后不久，徐锡麟"来了"。

他是秋瑾生前最亲密的战友。1907年7月6日，徐锡麟在安庆刺杀安徽巡抚恩铭，攻占军械所，事败之后，被剖心摘肝，

---

[1] 1911年11月11日，发表于上海《民立报》的《浙江敢死队之壮观》。

3 徐锡麟墓（资料图片）

4 孤山苏曼殊墓（孙午飞拍摄）

极其惨烈。秋瑾数日后被擒杀，正因此案。1912年秋，浙人公祭徐锡麟，已经就任大总统的孙中山亲自前来致祭，书写挽联"丹心一点祭余肉，白骨三年死后香"。徐墓选在孤山南麓，与他同时牺牲的陈伯平、马宗汉葬于其墓两边。

同年下葬于附近的，还有秋瑾的另一位光复会战友陶成章。杭州光复后，陶成章任光复军总司令。因为与国民党人政见不合，1912年陈其美委派蒋志清、王竹卿暗杀陶成章于上海广济医院，时年34岁。在陶墓两侧，随葬的还有两位年轻的反清义士杨哲商和沈由智。

仅仅四年后，暗杀陶成章的陈其美也被袁世凯派人暗杀。1928年6月，国民政府在湖滨立陈其美的戎马雕像，这位被孙中山称为"辛亥首功之臣"的革命者立马迎风，战袍飞扬。2005年，陈其美像迁到了孤山的北麓。不知陶陈二人相逢于西泠桥头，话题将从何处开始。

1924年，传奇的"革命和尚"苏曼殊归葬孤山，这在当时几乎上了所有市井报刊的新闻版面。

与秋、徐等浙江籍人氏不同，苏曼殊是广东香山人[1]，生于日本横滨，母亲是日本人。曼殊才华横溢，精通日、英、法和梵文，曾翻译拜伦、雪莱等人的诗作，还编著了一部《梵文典》。他一生放浪形骸，诗文婉约多情，一首《本事诗》传唱至今：

---

[1] 今天的中山市。

春雨楼头尺八箫，何时归看浙江潮？

芒鞋破钵无人识，踏过樱花第几桥。

而同时，苏曼殊又是一位热血的革命者。1903年，留日学生发起反清排满组织"军国民教育会"，19岁的苏曼殊就积极加入。后来的十多年里，他与冯自由、廖仲恺、章太炎等人交好，参与了华兴会、光复会及同盟会等多个团体。秋瑾牺牲后，他为《秋瑾遗诗》慨然作序，赞她"被虏不屈"，"视死如归，唏嘘盛哉"。后来，苏曼殊出家为僧，却仍然热衷国事。1918年，35岁的苏曼殊死于暴饮暴食。

苏曼殊墓有很显著的日本风格，纪念塔石质四方形柱式，细长而直高，自下而上为塔基、须弥座、覆莲托、塔身、仰莲和葫芦顶，通高约2.5米。塔身正面镌刻楷书"曼殊大师之塔"六字。此地成为民国文艺青年的朝圣之处，当年有一些人早逝，便嘱咐家人依照苏墓的形制为自己建墓地。[1]

最后一位葬于孤山的革命者是与秋瑾订下"埋骨孤山之约"的徐自华，那已经是1943年的事情了。徐墓在西泠桥南堍，与秋墓遥遥相望，柳亚子赋诗记道："地下故人应待我，春来跃马酹孤山。"

1964年，孤山上的墓群被全数迁出。1981年，仅有秋瑾墓迁回。

---

[1] 经济学家吴敬琏的父亲吴似竹（1907—1931）是上海《新民报》的创始人，1931年英年早逝，葬于北京香山，他的墓地便是仿效苏曼殊墓的形制。2011年，吴敬琏重修父墓，托我从浙江图书馆翻拍苏墓旧照片，以为复原的依据。

5　1912年杭州城内的"共和万岁"楼牌。为庆祝民国的第一个新年，楼牌被特意装饰了一番。（徐忠民提供）

　　曾经发生在孤山的这些故事，是大时代在风云际会中的一些小段落。它们如几朵落花在冷雨中飘入湖中，有的随波逐流不知所终，有的被人偶尔记起，成为风景中的一段记忆。葬于此间的这些革命者，绝大多数没有活过40岁，他们的事迹在某些时候是那么的鲜明，动辄可以激动人们的心弦，而若干年后，却又模糊得如同不曾发生。

　　1924年的春天，24岁的俞平伯携新婚妻子住进了孤山六一泉旁边的俞楼。从1862年起，他的曾祖父、经学家俞曲园在孤山的诂经精舍讲学三十余年，让这里一度成为江南经学的一方重镇。俞平伯重返先人故居的时候，俞楼已经年久失修，摇摇欲坠。不过，孤山的晨夕美景还是让年轻人喜不自禁，他写道：

这是我们初入居湖楼后的第一个春晨。昨儿乍来，便整整下了半宵潺湲的雨。今儿醒后，从疏疏朗朗的白罗帐里，窥见山上绛桃花的繁蕊，斗然的明艳欲流……今朝待醒的时光，耳际再不闻沉厉的厂笛和慌忙的校钟，惟有聒碎妙闲的鸟声一片，密接着恋枕依衾的甜梦……

俞平伯来时，孤山已经被革命者"占领"。他若向北岸眺望，远处原先隐约可见的钱塘门城墙已经拆除。而在近处的北山路一线，风林寺破败不堪，出现了新新旅馆等新式民国建筑物。有一片空地正在大兴土木，是沪上报业大王、《申报》发行人史量才为他的如夫人张秋水建的别墅，据说庭院格局仿效了《红楼梦》里的描述。

俞平伯后来成了红学大家，不知道那些日子，他有没有去一窥究竟。

20 西湖边的博览会

张静江是一个瘸子，然而他来浙江当省长的时候，偏偏把家选在了葛岭的半山腰，从小路往上走，有170多个台阶。他在下面建了一个轿亭，每次都是坐着滑竿上上下下。这是两栋精致的西式建筑，取他和太太朱逸民的名字命名，叫静逸别墅。

张静江被孙中山称为"中华第一奇人"。他出身湖州南浔巨富之家，1905年冬天，28岁的张静江在一艘海轮上邂逅孙中山，他递给孙一本《圣经》，内夹一张小纸条，两人约定，日后如果孙需要钱，可以拍电报给他，如拍"A"即是一万元，如拍"B"即两万元，"C"则三万元。两年后，孙中山为发动广州起义筹钱，试着发了一封电报，居然真的收到了钱。之后，张静江成了孙中山最积极的"金主"。

在国民党第一次全国代表大会上，孙中山亲自提名张静江为中央执行委员。1927年4月，蒋介石北伐成功，南京国民政

1 张静江与朱逸民

2 张静江的五个女儿个个貌美如花，其中四女张荔英是20世纪亚洲最杰出的女画家之一。（图1-2为资料图片）

府成立，张静江被委派为浙江省的主席。在这位商人出身的革命家看来，革命就是搞破坏，而一旦成功了，就必须搞建设。

清末民初，杭州城最大的变化是城墙拆除，西湖入城。

最早拆掉的是正东方向的清泰门。1909年，苏州到杭州的铁路修建，其中一个客运站点原本设在清泰门外，市民乘坐要出城门，很不便利。于是主政者便在城墙上开出一个门洞，铺设轨道，在城内落成了新的火车站。

从1912年起，民国杭州政府有计划地全面拆除城墙。先是拆除了旗营钱塘门至涌金门的一段城墙，结束了西湖与杭州城区被城墙分割的历史。1913年开始拆清波门、涌金门。此后各段城墙逐渐拆除。最晚拆的是庆春门一带的东城墙。

铁路进来了，城墙拆掉了，运河衰落了，当张静江前来主政的时候，杭州在经济建设上的角色非常尴尬。

自胡雪岩的那场收丝豪赌失败后，整个杭嘉湖的丝商集团就全面覆灭了。与杭州相比，苏南地区的丝织业虽然也被严重波及，但是在后来的几十年里，那里出现了一批杰出人物，比如苏州状元陆润庠、南通状元张謇，以及无锡的荣氏兄弟。他们筹建全面西化的纺织厂和机器面粉厂，从而完成了产业的现代化转型。而杭嘉湖则一直无类似人物出现。

与此同时，原本以杭州为大本营的徽商集团及宁波、绍兴商人则集体投奔上海滩，成为那里的航运及金融业的主力。在现代工业文明的冲击下，杭州赖以为本的丝绸、茶叶及钱庄等产业黯然失色。

1909年，杭州出现了第一家现代工厂——光华火柴厂，用工多达1200人。1912年，一家颜料店的少当家朱光焘从日本留学归来，创办机器织造的纬成丝织公司。1922年，都锦生创办都锦生丝织厂，发明了广受欢迎的五彩织锦。不过，这些企业的规模都属于中型，不足以再造杭州的经济格局。

事实上，在整个20世纪，杭州产业的空心化问题一直没有得到解决，直到21世纪电子商务出现后，才突然柳暗花明。

张静江在浙江任职三年，办下的最有影响力的事情是，举办现代中国的第一次全国型大型博览会——西湖博览会。

全球的第一场工业品博览会是1851年的伦敦万国博览会，美国则在1904年举办了圣路易斯世界博览会，1915年在旧金山举办巴拿马万国博览会。就在1926年，美国借立国150年之际，又在费城举办了规模空前的世界博览会。

常年在英国和法国经商的张静江对博览会是相当的熟悉，他还曾赴美参加了那场巴拿马博览会，他的家乡南浔的辑里湖

3 杭州光华火柴厂生产的美女牌、母子牌、天官牌火柴。

4 杭州福来电器公司的广告，画面背景是西湖小瀛洲。

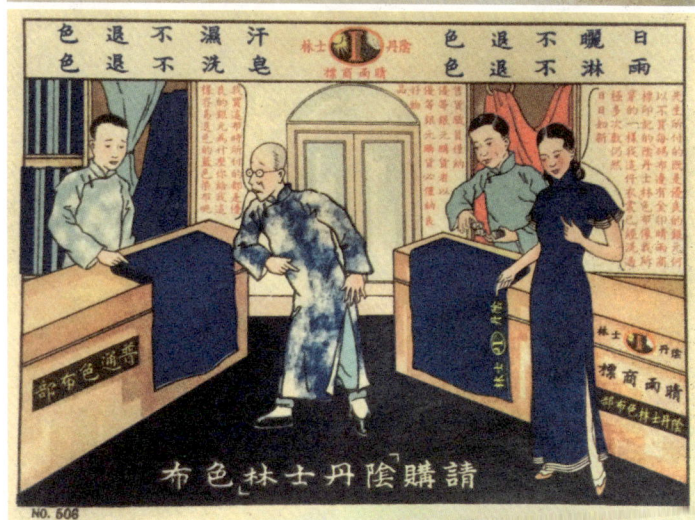

5 杭州都锦生丝织厂生产的丝织画，画面展现的是西湖十景之一的"双峰插云"。（图3-5均为资料图片）

6 晴雨牌阴丹士林布料店的纸质广告。商家为了展现"阴丹士林"色布"日晒、雨淋、汗湿、皂洗"均不褪色的卖点，特意绘制了一幅漫画对比广告。（杭州西湖博览会博物馆提供）

丝与贵州茅台酒一起获得金奖。博览会对一地经济的带动效应，张静江有亲身的体会。

因此到任杭州之后，张静江就着手筹备办一场国家级的大型博览会。

张静江的提议得到了南京中央政府的支持，不过批复只有"同意"两字，却没有一分钱的经费拨付。

这时候，张静江的商人本色就显现了出来。他宣布发行"西博会有奖游券"，一元一张，购买者不但可以免费参观博览会、免费乘坐杭州公交汽车，更可以参加博彩抽奖，最高的一等奖为10万元，二等奖2万元，三等奖1万元。

当时一位普通城市职员的月薪约20元，巨额的博彩刺激当然深受大家的喜欢，一时举城若狂，连城里的乞丐、妓女都抢一张奖券试试手气。这股热潮还波及了其他城市，有两万多个上海市民抢购了西博会奖券。

博彩奖券共计筹得100多万元，让人一筹莫展的经费难题就这么"轻而易举"地解决了。

以西湖来命名博览会，是张静江的又一个创意。

一来，借西湖的名气招揽全国的观展者。为此，他还花一千银圆请南京的音乐家吴瞿安，创作了一首西湖博览会会歌：

熏风吹暖水云乡，货殖尽登场。

南金东箭西湖宝，齐点缀锦绣钱塘。

喧动六桥车马，欣看万里梯航，明湖此夕发华光。

> 人物果丰穰，吴山还我中原地，同消受桂子荷香。
>
> 奏遍鱼龙曼衍，原来根本农桑。

二来，杭城局促，根本拿不出数万平方米的布展空间。于是，张静江选中了孤山与里西湖这一片面积约五平方公里的区域，进行分点布展。

他征用了这一带几乎所有的庙宇、书院、公园乃至私家别墅，以布局博览活动。西博会的主展馆——工业馆设在静逸别墅下的北山路上，并在里西湖架设了一座约200米长的大木桥。现在，工业馆成为西博会遗址，木桥毁于1942年。

为了征募全国企业和商品的参与，张静江在上海、江苏、安徽及湖北等75个市县设筹备分会，还在越南和印度尼西亚设立出口委员会，参加筹备人员先后达数千人。当时很多的江浙财团名人如虞洽卿、史量才和杜月笙等，无论白道还是黑道，都受张静江邀约，参与到筹备鼓动之中。

这时的张静江还兼任全国建设委员会的主席，他以举办博览会为由，筹资全面拓建了沪杭公路，在柳浦渡的原址建造"浙江第一码头"，还修建了杭州到江山的铁路，在交通设施上为杭州开拓了空间。

西博会是1929年的6月6日下午两点开幕的。组织者在断桥的东面搭建了一个宫殿式的大门楼，两根朱柱上挂有一副对联：

> 地有湖山，集二十二省无上出品大观，全国精华，

都观眼底。

　　天然图画，开六月六日空前及时盛会，诸君成竹，早在胸中。

当日，张静江从南京调来四架飞机绕湖飞行，杭州市民哪里见过这么先进的东西，顿时倾城而出，西湖边人山人海。当时报纸描述说："当日盛况空前，人潮涌动，轰动了半个中国。"

博览会共设八个主题馆，分别是工业馆、农业馆、卫生馆、丝绸馆、博物馆、艺术馆、教育馆和革命纪念馆，另有"两所三处"——特种陈列所、参考陈列所、铁路陈列处、交通部电信所陈列处和航空陈列处。展品共计14.7万件，来自29个省市和南洋各地。

博览会除了"奖励实业，振兴国产"，还承担着启迪民智的责任。当时的每个馆处都由一位知名人士出任主任，他们各擅其能，收集展品和布置展区。各馆还都有自己的馆歌和对联，其中教育馆的对联出自该馆主任、教育家刘大白之手，在当时就流传开来，脍炙人口：

　　定建设的规模，要仗先知；做建设的工作，要仗后知；以先知觉后知，便非发展大中小学不可。
　　办教育的经费，没有来路；受教育的人才，没有出路；从来路到出路，都得振兴农工商业才行。

为了丰富博览会期间的娱乐活动，筹备组还兴建了杭州城

7 1929 年开幕日当天，西博会大门外的场景。

8 架在西湖上的西博会木桥，这座木桥也被称为西博会桥。

9 伫立于西湖中的西博会纪念塔

10 工业馆内正在展示上海大兴牌脚踏车

11 参展的西门子发电机（图7-11均为资料图片）

里的第一个跳舞场、跑马场和滑冰场，进行了乒乓球比赛和自行车比赛。在巡抚衙门的旧址，举办了全国第一届武术大会。张静江的朋友、青帮老大张啸林还出资请来梅兰芳，在孤山边唱了一个晚上的《贵妃醉酒》。

西博会原本定于10月10日的国庆日闭馆，因为观众的热烈反响，又延迟了十多天。盛会前后历时128天，参观人数近1800万，平均每天有14万人，这在今天都是相当惊人的数字。

在杭州建城史上，这场博览会给这座城市注入了现代化的基因。杭州人第一次看到了抽水马桶，城里出现了第一部德国的西门子电梯，上海的国货"华生牌"电风扇、"大兴牌"脚踏车是最受中产家庭欢迎的商品。

因战乱及各种原因，在第一届西博会之后，竟然"其无后乎"，再也没有举办过。直到七十多年后的2000年，杭州市政府才续办第二届。而此时的杭州，已经几乎很少有人知道张静江了。

1930年，张静江离任杭州，与这座城市再没有新的交集。北山路一度被改名为静江路，后来又改了回来。静逸别墅的草坪上有两株紧挨着的桂花树，一株是紫桂，一株是银桂，据说是当年他与女儿们一起手植的，每到秋季，是西湖边最早开花的。

12 张荔英的湖边画作《舢舨翻翻》（1950 年，资料图片）

21　雨巷与"后花园"

撑着油纸伞，独自
彷徨在悠长，悠长
又寂寥的雨巷，
我希望逢着
一个丁香一样的
结着愁怨的姑娘。
……
我身旁飘过这女郎；
她静默地远了，远了，
到了颓圮的篱墙，
走尽这雨巷。
……

写这首《雨巷》的是22岁的杭州人戴望舒，他出生在闹市

1 大塔儿巷已经面目全非，只余下这一两栋灰瓦平房，应是戴望舒当年住在这里时的模样，它们很快也将消失。在这里打着雨伞，仍有人在寻找那个"丁香一样的结着愁怨的姑娘"。（孙午飞拍摄）

2 1928年，张爱玲与弟弟在九溪。（资料图片）

中心的大塔儿巷，那是一条仅三米宽的青石板小巷，毗邻的小寺庙有座城心塔，因此得名。自1927年《雨巷》发表后，它就成为无数文艺青年对杭州的全部想象，很多年后的今天，仍然有人吟着这首诗，撑着雨伞在杭州的街巷里寻找那个"丁香一样的结着愁怨的姑娘"。

不过，在戴望舒的同时代诗人、莎士比亚研究专家卞之琳看来，《雨巷》所呈现的景物，从油纸伞、丁香到颓圮的篱墙都没有跳出古人诗歌的范畴，全无现代气质，因此，"这首诗的成功显得浅易、浮泛"。

如果"雨巷"是20世纪初的杭州意象，那么，对之不以为然的还有张爱玲。

她是一位地道的上海人。1928年，8岁的张爱玲随妈妈和姑姑第一次来杭州游玩，在九溪十八涧跟弟弟拍了一张照片。那时的张爱玲已经开始写小说，她写了一个少女失恋自杀的故事，少女从上海坐火车到杭州溺水而死。妈妈对这个结局不能理解，可是张爱玲觉得就应该是这样的，"我因为西湖诗意的背景，终于固执地保存了这一点"。

在后来的创作中，张爱玲有很多次的笔墨写到西湖，不过她的印象似乎很平淡，"冬天的西湖十景，每样都有在那里，就是不好"，湖边的垂柳"一律都向水边歪着"，而那些亭子则是一些"似庙非庙的房屋"。总而言之，在她看来："西湖有一种体贴入微的姬妾式的温柔，略带着点小家子气。"

所有赞美杭州和西湖的文章，都小心翼翼地避开张爱玲的这些文字，如同当年的李清照刻意避开西湖一样。

尽管张小姐的尖刻世人皆知，不过她的"姬妾式的温柔"却触中了20世纪初期那些年的杭州的痛处。其实，有另外一个稍稍客气一点的说法："杭州是上海的后花园。"

在当时的上海滩，浙江财团常年居于统治性的地位，上海总商会会长的位置一直由浙江人把持，全市仅有的两条以华人命名的道路也都出自浙江人——朱葆三路和虞洽卿路。在文坛、画坛和知识界，浙江子弟更是大比例的存在。但是省城杭州，对于这些人而言，是少时受教育的地方，是暇时休养放松的地方，甚至是埋骨安息的地方，但就不是横戈跃马、博取功名的地方。

他们在西湖的周边选址修筑了不少的别墅，不过都不大，占地数亩，面积很少超过一千平方米，是周末度假或金屋藏娇的所在。这些建筑都带有鲜明的民国特征，以钢筋水泥为材，中西合璧，不少还有巴洛克的风格。它们间插于怡丽的江南风光之中，为康乾之后的西湖又添了一笔新的时代景致。

西湖边的民国别墅，最出名的应该是报业巨子史量才的秋水山庄。

史量才青年时在杭州蚕学馆读书，后来到上海闯荡，创办《申报》，提出"人有人格，报有报格，国有国格"，因立场

3 沈秋水（左四）在秋水山庄前（资料图片）

4 就在 2021 年，秋水山庄被改造成了杭州最昂贵的精品酒店，每晚的住费高达 1.2 万元。不知旅者中有多少人，知晓它的前生今世。（视觉中国提供）

独立和新闻及时，报纸发行量最高达日销15万份，为国内第一大报，言论足以影响时局。史量才有一房二太太沈秋水，原是上海滩的雏妓，擅长鼓琴度曲。

1924年，史量才在新新旅馆旁置地营造秋水山庄。山庄占地不到四亩，据说设计时参考了《红楼梦》的描述，有一处"怡红院"，原型就按书中贾宝玉的住所打造。山庄的花窗图案极具江南建筑特色。不过在整体上，从铸铁大门到方形石柱，又透露出隐约的民国西式风格。

史量才平日在上海办报，周末就驱车到孤山边与沈秋水闲度时光。1934年11月13日，在回上海的途中，史量才被国民党特工枪杀于沪杭公路旁的麦田。这是当年极其轰动的一个政治事件，中国新闻自由的高光时刻就断送在那几声枪响中。

史量才葬于龙井附近的积庆山马婆岭。在灵堂上，沈秋水白衣素服，抱着夫君生前最喜爱的七弦琴，弹了一曲《广陵散》。曲终弦断，秋水将古琴投入火中，一段情缘从此焚灭。

此后，秋水出家为尼，把山庄捐出，办了一家妇孺医院，如今它是国营新新饭店的一部分。

　　　十七年梦想的西湖，

　　　不能医我的病，

　　　反使我病得更厉害了。

　　　然而西湖毕竟可爱。

　　　轻雾笼着，月光照着，

　　　我的心也跟着湖光微荡了。

　　这是胡适写过的一首白话小诗，现在读来，很像大学一年级学生的作文。对于他而言，西湖是一个更为隐秘的存在。1923年的秋天，他与曹诚英在烟霞洞度过了"一生最快乐的日子"。

　　此时是胡适归国的第六个年头，《新青年》和白话文运动让32岁的他成为国民文化偶像。曹诚英是他三嫂的妹妹，几年前胡适与江冬秀结婚时，十多岁的曹诚英就是伴娘。胡适才情绝代，对他明恋暗恋的女子不可计数，而最痴情者，应该就是这位曹表妹了。

　　这一年，曹诚英在杭州女校读书，胡适赶来相聚。他们在偏僻的烟霞洞租了三间小平屋，度过了无所事事却又终生难忘的三个月。他们去翁家山看桂花，坐在亭子里喝茶，向农家借一副棋盘下象棋，胡适讲莫泊桑的《遗产》给表妹听，表妹唱徽曲《秋香》给他听。山间的农夫香客对他们毫无兴趣，他们

5 曹诚英与胡适在烟霞洞（资料图片）

6 郁达夫的风雨茅庐（视觉中国提供）

对外面的世界也漠不关心。

这段"不伦之聚"的最后一天是10月3日。残月在天，胡适凌晨三点爬起来写日记："这是在烟霞洞看月的末一次了。下弦的残月，光色本凄惨；何况我这三个月中在月光之下过了我一生最快活的日子！今当离别，月又来照我。自此一别，不知何日再能继续这三个月的烟霞山月的'神仙生活'了！枕上看月徐徐移过屋角去，不禁黯然神伤。"

才子的文字跟那晚的月光一样，是真实存在过的，却又同时是一场虚幻。胡适从没有承认过这段恋情，他对另一位情人韦莲司[1]说，那三个月，他就跟表妹拉了拉手，其他什么也没有

---

[1] 韦莲司（Edith Clifford Williams，1885—1971），美国人，1914 年与胡适在美国纽约康奈尔大学结识，此后一直作为胡适的粉丝和女友，终生未嫁。

发生。

只有曹诚英相信那晚的月光是真实的。她此后一生未嫁，1973年去世，她把自己的墓修在了安徽绩溪乡下的一座小桥旁，那是胡适回家必经的路。

1934年，郁达夫写了一篇散文《杭州》，几年前，他娶走了杭州城里的第一美人王映霞。他借钱在官场弄[1]南侧的一块空地上，盖了个小宅子，起名"风雨茅庐"。

郁王恋情在当年也是轰动一时的"孽缘"，已有发妻的郁达夫给王映霞写了上百封情书，还在一个大雨之夜跑到闺房下唱情歌，硬是抱得美人归。而他们的这场婚姻还是在1940年归于破裂。

郁达夫写《杭州》的时候，正是两人情浓的甜蜜期。不过，他笔下的杭州人好像并不受他的待见：

> 现在的杭州人，就永远是保有着被征服的资格的人；风雅倒很风雅，浅薄的知识也未始没有，小名小利，一着也不肯放松，最厉害的尤其是一张嘴巴。外来的征服者，征服了杭州人后，过不上三代，就也成了杭州人了，于是剃头者人亦剃其头，几十年后，仍复要被新的征服者来征服。照例类推，一年一年的下去，现在残存在杭州的固有杭州老百姓，计算起来，怕已经不上十个指头了。
>
> 人家说，这是因为杭州的山水太秀丽了的缘故。西

---

[1] 今小营街道。

湖就像是一位"二八佳人体似酥"的狐狸精，所以杭州决出不出好子弟来。这话哩，当然也含有着几分真理。可是日本的山水，秀丽处远在杭州之上；瑞士我不晓得，意大利的风景画片我们总也时常看见的吧，何以外国人都可以不受着地理的限制，独有杭州人会陷入这一个绝境去的呢？想来想去，我想总还是教育的不好。杭州的家庭教育，社会教育，学校教育，总非要彻底的改革一下不可。

在郁达夫看来，民国的杭州人还在明清时代的习俗中流连，"一年四季，杭州人所忙的，除了生死两件大事之外，差不多全是为了空的仪式"。而在日常，他们一直在不停地"幽赏"风景。

无论在民国的政治、文化和经济史上，杭州都是一个后花园式的存在。这里出没着无数的将军文士，湖畔的每一栋建筑或风景点都流传着他们若隐若现的谈判、阴谋和风流轶事。它们是一个又一个大事件的某些细节，如同石子投于水中，杭州每每是涟漪波及的那一部分，而从来不是水波激起的中心。

这里没有出现杰出的商人和知识分子，没有在全国举足轻重的企业，没有发生足以在史书上记载一笔的暴动或革命。说到杭州货，无非还是张小泉剪刀、王星记扇子、都锦生丝绸、龙井的茶叶和胡庆余堂的药丸子。它们当然都很好，但是，都不是"新鲜的好"。古老或陈旧并不可怕，可怕的是"过时"。

对于"杭州是上海的后花园"这一说法，杭州人当然是心不甘情不愿的，然而，却有点无可奈何。从当年的"上有天堂，下有苏杭"，到现在成为另外一座城市的"后花园"，这期间自然有无穷的百味杂陈。

文化与商业，从来是一对孽侣。商业的兴盛让文化得以被供养，而后者则让商业变得滋润和体面。他们互相成就，又各自以为高贵。杭州是一座因运河而兴旺和变得重要起来的城市，西湖对它而言是一个天作之合般的惊喜。你虽然在白居易、柳永、苏东坡及后世几乎所有西湖赞颂者的诗文中寻不到一点与金钱有关的气味，但如果没有运河带来的滚滚人流、物流和货币流，诗文中的从容安逸和万家灯火将在哪里安放？

千年运河时期的杭州，是一个能够"原产"财富和文化的城市。但是，当铁路替代水运之后，运河的衰落对于杭州而言是致命的。随着人流、物流的减少，商业自然颓败，而附着其上的文化也开始"移情别恋"。西湖的风景一如既往地明媚，但是杭州成了一座单调而过时的黑白城市。

在这个意义上，戴望舒的《雨巷》其实是关于西湖的一首挽歌。

7 上海与杭州之间的铁路是 1909 年开通的，这是当年繁忙的场面。（甘博拍摄，屈皓提供）

8 跟很多民国文人一样，丰子恺"成材于杭州，成名于上海"。他 17 岁时到杭州第一师范求学，受教于李叔同、夏丏尊等名师，后来游学日本，形成了自己独特的绘画风格。他常年往返于杭沪两地，寓居在北山路的招贤寺，完成作品之后，投寄上海各家报刊。丰子恺很喜欢杭州，曾说"我走遍中国，觉得杭州住家最好"。他一生画了近百幅杭州主题的漫画，以烂漫童真的趣味，巧显湖山禅意和市井生态。

9 折得荷花浑忘却，空将荷叶盖头归。

10 湖上酒家多自在，夜半犹待闲人来。

11 谁家孤僧踏青来，一片孤云遮孤山。

22　最是寂寞师爷墓

我见过他的弟弟，名叫训慈。1990年夏天，我去他在古荡的家里，听他讲当年如何保护《四库全书》的往事。

他30岁出头的时候，就当上了浙江图书馆的馆长，抗战时期，杭州沦陷，他和同事们护送文澜阁里的数十万册古书，一路南下迁移入川，终于保全了这批国宝。

他陷在一张硕大的旧藤椅里，一边摇着蒲扇，一边跟我断断续续地讲述。在他的身后挂着一幅泛黄的老照片，四男一女五个青年，中间那个瘦脸长鼻，身着中山装。看我指着照片，说出他哥哥的名字时，老人还稍稍有一丝吃惊，在当时，这个名字还有点"敏感"。老人淡淡地说："如果他活到今年的话，应该是刚足一百岁。"

就在接受我的访谈不到一年后，老人就去世了。

接下来讲他哥哥的故事，以及与杭州的那点关系。

19岁时，他来杭城求学，入读浙江高等学堂，也就是后来的浙江大学。

他出生浙江慈溪耕读世家，那里地处宁绍，自古人文渊薮，明清期间，绍兴师爷行遍天下，便有"无绍不成衙，无宁不成市"的谚语。他6岁入私塾，熟诵《毛诗》《礼记》《春秋》和《左传》。在学校时，他是一个锋芒毕露的才子，1911年辛亥革命爆发，他投稿上海的《天铎报》，连写10篇《谈鄂》的述评文章，笔锋如刀，无人知道这些文字居然出自一位21岁的大学生之手。

两年后，他以全校第四名的成绩毕业，随即投身上海报界，为史量才的《申报》撰稿，后任《商报》编辑部主任，因文笔犀利，视野开阔，颇为一时之重，有人甚至将之与《大公报》的一代主笔张季鸾并论，许之为"北张南陈"。

1927年，37岁的他被推荐给北伐总司令蒋介石，从此开始了长达21年的鞍马追随，被后者视为"文胆"。1936年12月，发生了改变中国命运的西安事变，蒋介石归来后，他在杭州北

1 陈布雷与弟妹合影。前排左边为陈训慈，中间为陈布雷。（资料图片）

山路的新新旅馆关门数日，完成《西安半月记》，塑造了领袖处惊不乱的形象。第二年，抗日战争全面爆发，蒋介石在庐山发表全国演讲，讲稿即出自他手，一句"地不分南北，人不分老幼，皆有守土抗战之责"展示国人死战到底的决心。为了征募新兵，他撰写宣传口号，"一寸山河一寸血，十万青年十万军"，引发全国热血青年的从军潮。

这位江南才子身材中等，终日一袭青衫或风纪扣严谨的中山装。追随蒋介石二十余载，他日日比蒋睡得晚，每日清晨，当蒋睁开眼睛，他就已经安静地站在了帐外。他对蒋的尽忠，已到了没有原则的地步。张道藩回忆："对于党国大计，虽所见不同，常陈述异见，但最后必毫无保留服从总裁之意旨，用尽心思，费尽周折，以求完成总裁之意愿。"这很像三国诸葛亮，虽明知道阿斗之不可扶，天下之不可得，却呕心佑之，六出祁山。

在国共两党中，只有极少数人受到各方的尊重，他是其中的一位。他一生秉持文人气节，洁身自好，算得上是真正的道德君子。尽管日日追随领袖，他却从未动过以权谋私的念头，平日从不应酬社交，不入娱乐场所一步，日常饮食仅为蔬菜豆腐，据说有一个厨师擅自买了两斤甲鱼，被他认为"太浪费"而辞退了。他见人必称"先生""兄"，彬彬有礼，谦恭有加，从来保持书生本色。

他如此忠心蒋介石，如果是甘之若饴倒也罢了。而事实却是，他的内心却还脱不了一层无奈的挣扎。尤其在晚年，内战惨烈，国民党一败涂地，参与所有机要谋划的他心力交瘁，最后只好以一死解脱，而他在此前数月的书信中却轻描淡写地为自己的角色定位："我只不过是一个记录生罢了，最多也不过书记生罢了。"

他的师爷人生，常常让我思量起中国文人的宿命与惰性。

他们缺乏独立在历史中书写自我的勇气，往往需要傍依在一个利益集团上，以一种从属的身份来实现改造社会的理想。而在内心，他们又往往不甘这样的角色。对于主子，他们无法摆脱人格上的依附，而在价值观上则又与之有文化上的重大出入，对于自己，他们得意于实务上的操作和成就感，却又对这种极端的入世状态抱有缺憾。

千秋功名与田园理想胶着在一起，如一杯颜色虚幻、百味交集的烈酒，实在说不清他们到底要的是什么。在这个意义上，师爷是一种命运，而不仅仅是一个职业。

他对杭州有特殊的感情，曾担任过浙江省政府的秘书长和教育厅厅长，公暇之余，经常到杭州的山野林间休养放松，这里的清净宁远让他暂离烦躁的政局尘世。

1945年抗战胜利，他认为天下从此太平，是自己归隐山林的时候了，便与夫人王允默商量，想在杭州购置一块僻远的田地，作为日后养老之所。他们在九溪的徐村买下了一块农地，稍事整理，还打算请人绘图筑舍。没有料到，仅仅三年后，这里成了他的人生归宿。

1948年11月12日深夜——这一天是孙中山诞辰日，他在风雨飘摇中服毒自尽于南京，蒋介石送匾"当代完人"。

即便在生命的最后几个小时，他仍然替主子做了极细密

2 在时代的漩涡中心待久了，如今安眠于青山脚下，陈先生的心境应该已经平复。（吴晓波提供）

的筹划。他写了十封遗书，分致亲人、上峰和朋类，其中在写给秘书金省吾的信中，连如何为自杀粉饰，不要给蒋公造成困扰的说辞都已经预留好了——"我意不如直说'某某（指他自己）八月以后，患神经极度衰弱症，白日亦常服安眠药，卒因服药过量，不救而逝'，我生无补世艰，断不可因此举使反动派捏造谣言"。为了防止"反动派"捏造谣言，自己不惜在生命的最后一刻捏造谣言，这也许是师爷职业道德的最高境界。

他是民国一代最著名的师爷，也可能是最后一位传统意义上的师爷。他的激越、曲折和无奈的一生，总让人叹息中国文人的宿命。

一部二十四史中，创业帝王大多被描写得出身低微不堪——多是亭长、屠夫、兵卒、走贩之辈，个性刚毅矫捷，为人薄恩残忍，而身边往往有一些忠勇俱全、智谋无双的谋士。你常常会生发错觉：为什么后者总是那么甘心于俯首为臣，匍匐阶下？庙堂之上的那个暴烈者到底凭什么斜眼俯瞰天下书生？这样的情节看得多了，某一天你会猛地恍然，原来写史的人便也是一群书生！他们或许也跟我们一样，在万籁俱寂之际内心不甘却又无法摆脱自身的懦弱，只好在史书中曲笔撒气一二。

江南五月，莺飞草长，九溪十八涧是极好的踏春去处。此地非旅游热点，极僻静悠远，俞樾曾赋诗赞曰：

重重叠叠山，曲曲环环路，丁丁东东泉，高高下下树。

为了写这篇文章，那天，我又专门去了一次那里。从主道旁一个极其不起眼的石板路拐入，往上走二十多个台阶，在青山之一角，有一座水泥砌就的小墓，碑上写着"陈布雷先生墓"几字。无平生，无头衔，低调得像一个刻意被遗忘的存在。这块墓地便是他当年购下打算隐居养老的田地，入土之时，随葬身上的是一支用旧了的派克金笔。

我在墓旁的石凳上坐了一会儿，前辈、往事都如浮云飘过。

3 民国时期的御街
4 1926 年的河坊街

5 1926 年的一公园

6 1930 年前后的杭州城站（图 3—6 这组民国时期的杭城街景均由徐忠民提供）

23 "热来寻扇子，冷去对美人"

　　1949年5月4日，清晨，冯根生吃力地摘下木栓，推开有他两个身子那么高的木门。他回头瞧了一眼正堂上方那块"戒欺"的大匾，打了一个冷战。很多年后站在那里，他对我说，小时候总觉得那块匾的上面站着一个很严厉的祖宗。

　　冯根生那年15岁，就在一月份，他成了胡庆余堂的学徒。这间杭州城里最著名的大药房有一个很奇怪的规定，它一年只招一名学徒。在十几个师傅的注视下，冯根生糊里糊涂地跪倒、上香、磕头，跟着念一段又一段似懂非懂的戒训。他每天的工作是开门、扫地、给师傅们倒尿盆和在灶房里烧柴火。

　　清晨开门后，他觉得很奇怪，因为在日常里，这时的清河坊早已热闹非凡，但是今天却冷冷清清的没有一个人。咋天从中午开始，城里的一些地方打起了枪，他和师傅们一直躲在药房里。

　　这一天，是杭州的解放日。一年多后，胡庆余堂公私合营，取消学徒制度，冯根生又糊里糊涂地成了大药房的"末代学徒"。

像一个通往未知的旅行者，没有一座城市确切地知道自己的命运去向何方，它被时间牵引，在种种必然和偶然的交叉处徘徊前行。人们凭借自己对世界的理解，一次次地试图彻底地再造它，这些行动都是以爱和理想的名义展开的。随着新的政权的建立，制度之手又一次对杭州和城里的人们进行了改造。

城里所有的私人企业在后来的几年里都像胡庆余堂一样的被"合营"了。我有一位远房的亲戚，祖辈在卖鱼桥卖水产，他每天凌晨到清水闸——也就是当年的柳浦——向钱塘江里的渔民采购，然后推着一辆板车到城里贩卖。1953年，卖鱼桥被改造成了国营农贸市场，他成了一名领工资的国营职员，还分到一辆三轮车。我问他："最大的改变是什么？"他想了一下说："以前是自己做生意，现在是给公家上班。"

西湖边所有的私人别墅和旅馆都被收归国有，昔日笙歌欢宴的景象一去不返。它们的命运各有不同，有的成为政府和事业机关的办公场所，有的被分配给了居民，往往一栋别墅住进十多户人家，每户分到一到两间屋子，厨房和厕所则多家共用，居民又在四周搭起临时的砖房，甚至简陋的铁皮房，时间一久，竟已看不出当年的模样。

杭州城里数以百计的寺庙，除了灵隐寺，绝大多数遭到了毁灭性的破坏，有的被推平，有的被改为他用，西湖边的千年昭庆寺改成了少年宫。海潮寺的原址上建起了杭州橡胶厂，寺里那口梁山伯与祝英台照过影子的双照井成了职工食堂的饮水处。"文革"时期，城里的热血青年举着铁锹夜以继日地把城内所有的摩崖佛像砸毁，顺带着还铲平了很多名人的墓。

1966年8月24日，一批中学生红卫兵拿着棍棒、绳索和铁锹前去砸灵隐寺，在天王殿门口碰到前一天听到消息守在那里的浙江大学机械系的十多名同学和当地村民，他们筑起"人墙"，阻止红卫兵进入。双方展开激烈辩论，同时不断召集自己的后援。在灵隐寺与飞来峰之间的狭长谷道里，一度聚集了五六千人，场面混乱不堪，冲突一触即发。杭州市委紧急上报北京，周恩来总理两次批示：灵隐寺是文物不是"四旧"，红卫兵们才心有不甘地散去。灵隐寺封闭四年，终得侥幸保全。

整个西湖都被围了起来。周围出现了各个部委的疗养院，有军队的、总工会的，等等。所有的风景点都成了公园，只有买票才能进入。在那个年代，"娱乐"是一个与革命对立起来的名词，西湖也因此变得像一个样板戏里的严肃的女演员。

为了昭显时代的新特征，人们还重新命名了城市的道路。清泰街被改为立新路，河坊街被改为勤俭路，平海街改为工人路，皮市巷改为阳光路，佑圣观路改为胜利路，羊坝头改为硬骨头巷，开元路改为新中国路，杭笕路改为红卫兵路，武林路、湖墅路、大关路都被改为长征路。

同时被改名的，还有几乎全部的老字号，王星记扇厂成了东风扇厂，都锦生丝织厂成了东方红丝织厂，云翔服装店成了爱武服装店，高义泰布店成了时新布店，亨达利钟表店成了利民钟表店，知味观和天香楼成了东风菜馆和解放菜馆，而张小泉剪刀则直接改名为杭州剪刀。

像所有的省会城市一样，杭州在后来的几十年里出现了一些大型的制造业工厂，比如钢铁厂、锅炉厂、汽轮机厂、制氧机厂、棉纺织厂和医药厂，等等，它们吸纳了大量的就业人口，让这座商业城市彻底地转型为工业化城市。

对于居住在这座城市里的人们而言，他们既被时代改造，同时又顽固地停留在往日的习惯里。薛家柱是土生土长的杭州作家，他在胡雪岩故居旁边的牛羊司巷住了18年，透过他的文字，我们仿佛看见了那段枯燥而生动的风俗景象：

> 每天清晨，家家户户到自来水站挑水，上公共厕所倒马桶，去望江门外直街买菜。特别是仲夏夜的傍晚，红日落入吴山背后，西天一抹胭脂色霞光，知了尚在整条小巷绿荫里沙沙鸣叫。这时小巷的人全出来了，家家搬出竹榻、门板。巷子中段那口古井的井台丁丁东东响成一片，大家汲水冲去水泥路上的暑气。男的毫无顾忌地裸露上身用清凉井水冲淋，女的相互谈笑赶紧洗涤刚换下的衣服。然后把小方桌，竹椅子往门口一放，家家开始吃晚餐。即使拉车、修鞋、补锅箍桶、卖苦力的，一天活儿干下来，晚饭这一顿可要吃喝得痛快。晚饭后就躺在竹榻上，望着夜空的星星月亮、谈天说地、怀古论今……

如果略去浓烈的革命背景，这样的市井片段也许是生活本来的面貌。

我还找到了一张照片。它是《人民画报》1952年6月期的

1　建国南路是杭州住家最为密集的地方之一。一个冬天的清晨，108 号的几十户人家正趁着好太阳在洗衣服，你洗我洗，互不干扰，一如薛家柱笔下的小巷生活场景。

2 1983 年，锅炉厂的团员们在西湖边的树林里野炊。

3 上班高峰期的庆春路。庆春路是杭州的一条老街，直到 1991 年之前几乎还保持着原貌。

4 现在的河坊街热闹非凡，但在 1999 年之前并不是这样的，而是一条杭州旧城典型的老街。

5 1982 年，雪后的断桥。

6 1984 年，园林工人们正在整修三潭印月。

7 1984 年，湖滨一带的商业街。（图 1-7 均由吴国方拍摄）

8 《人民画报》1952 年 6 月刊封面（资料图片）

封面。

照片上，一群红领巾少年正在攀登旭日初升的葛岭初阳台，他们的身后是保俶塔，眼前是春光明媚的白堤和苏堤。在近景处，一对男生和女生在红旗下吹响了嘹亮的号角。

文章这样描述当时的杭州："杭州市区拥有53万人口，其中工人约占10万。浙江全省的土特产，集散于此，轻工业以丝绸、制茶至为著名。在这里，工人们每天辛勤而愉快地一梭梭穿织着五彩缤纷的绸缎，山村的劳动妇女摘下一片片茶树上的嫩芽。"

照片中的少年们就是这些劳动者的后代。它也许是一次实景抓拍，也许是一个摆拍，但是，都属于时代的真实。人们对未来的向往永远是玫瑰色的。如果你把它拉进时间的轴线上，接下来的事实应该是：

这群十来岁的少年，在他们二十岁出头的时候，将遇到"文革"，他们中的一些人就是举着铁锹去砸文物的热血青年。然后，他们将被号召"上山下乡"，背着包裹，奔赴农村，近的去了舟山群岛，远的则到了西双版纳、六盘山或大兴安岭。到他们三十多岁的时候，国家将开始改革开放，他们中的极少数人考进了大学，绝大部分回到杭州，成了工厂或街道办事处里的一员。

有机会读到这段文字的时候，他们已经全部办理了退休手续，成为外公外婆或爷爷奶奶。在与时光的对抗中，他们归于平静，而对当年的激情无话可说。

那些年里，在西湖边也发生了一些国家级的重大事件，不

9《中美联合公报》敲定处：西湖边的刘庄，如今这里是西湖国宾馆。（甘博拍摄，屈皓提供）

过对于城里的市民而言，他们对此一无所知。

　　1953年，中央人民政府组织起草《中华人民共和国宪法》，时年的12月28日到1954年3月，毛泽东主席率宪法起草小组在杭州居留了两个多月，完成了宪法草稿初稿至"四读稿"。9月份，《中华人民共和国宪法》在北京正式颁布。杭州

成为新中国第一部宪法的起草地。

　　1971年7月9日，美国国务卿基辛格秘密访华，中美关系破冰。第二年的2月21日，美国总统尼克松访华，他落地北京后，随即转赴杭州，与在那里等候的中方代表乔冠华磋商起草《中美联合公报》。基辛格在自己的回忆录里专门有一章详述过程，章节的标题是"在杭州爆发的一场冲突"。

尼克松带来了一支由223人组成的庞大随行团队，美方与中方就公报的细节进行了针锋相对的讨论，基辛格描述说，总统"大为恼火，竟然穿着内衣就在杭州美丽的宾馆里大发雷霆"。中方人员的回忆也是戏剧性的，外交部唐龙彬说："第一次与美国政府官员面对面而坐，双方都用警惕的目光注视着对方。"2月27日凌晨，在西湖边刘庄的一个八角亭里，《中美联合公报》的内容被最后确认敲定。

在紧张的谈判期间，尼克松抽空游览了西湖和杭州，他对西湖的评价是"就像一张明信片"，他对杭州的印象则是"美丽的西湖，破烂的城市"。

在所有的现当代政治家中，对西湖最情有独钟的是毛泽东，新中国成立之后，他先后39次来这里疗养和工作，居留时间长达500多天。第一次看到这个数字的时候，我也是大吃一惊。

他常住的地方是西子宾馆，也叫汪庄，是一位安徽茶商于20世纪20年代建成的，它面对西湖，背靠雷峰塔。毛泽东在杭州期间，经常主持召开政治局会议或政治局扩大会议，许多重要的政策文件都在这里讨论决议，包括《全国农业发展纲要四十条》以及关于开展"文化大革命"的决定等。

毛泽东有熬夜的习惯，或许是西湖妩丽淡雅的风景能够让他稍稍地放松。他喜欢喝龙井茶，据说一个月要喝掉三四斤，与别人不同的是，他爱喝隔夜茶，还把茶叶都吃了下去。工暇之余，他游历杭州周郊的很多地方，也留下了一些诗词。其中流传最广的，是爬北高峰时写的《五律·看山》：

三上北高峰，杭州一望空。

飞凤亭边树，桃花岭上风。

热来寻扇子，冷去对美人。

一片飘飘下，欢迎有晚鹰。

24 "善贾者"的复活

1990年，我大学毕业回到杭州。这时候，求是村门前的那条小马路刚刚拓宽，成为一条东西主干道。松木场建成了江南园林式的黄龙饭店，这是杭州的第一家四星级酒店。更有意思的是，就在酒店的马路正对面，出现了全城的第一家私人花店"梦湖花艺"，老板娘是一个二十来岁的姑娘。

一些陌生的、与金钱有关的景象开始像幽灵一般地重现。这些传说率先是从菜市场里传出来的。在卖鱼桥，个体鱼贩子用水淋淋的摊位"包围"了国营菜场，一些肤色粗糙、学历低下的男人从舟山、福建等地运来新鲜的海虾、带鱼和贝类，然后以几倍的价格出售，他们很快穿金戴银，成为这座城市里的暴发户，用邓小平的话说，是"先富起来的人"。

我有一位同学的哥哥从日本留学回来了，他们家买了一辆桑塔纳，这是我见到的第一辆私家车。哥哥在翠苑一带租了一栋小楼，办了一间很高级的酒楼，我在那里第一次吃到了像

1 梦湖花艺，20世纪90年代杭州最早的一家私人花店，现在还在营业，当年的那个小姑娘，现在不知道长成什么样子了。（吴晓波拍摄）

粉丝一样的鱼翅。几年后我才偶尔知道，他哥哥当年去日本是在殡仪馆打工，帮日本人背尸体，然后把逝者的西装贩卖到中国。

在城郊接合部的四季青村，出现了一些温州人和绍兴人，他们包下一个废弃的停车场，开始在那里贩售比国营百货大楼便宜得多的女装。这个市场一开始只有四十多个摊位，随着人越来越多，不断吃下周边的农民房和空地，居然发展成了全国最大的服装交易市场，与北京的动物园市场、武汉的汉正街和广州的十三行市场，并列为四大服装集散地。

2　建于 1979 年的新声路的服装市场，是杭州服装市场的另一个缩影，这里生意一直非常红火，不仅市民们爱来这里淘衣服，也是许多人创业致富的地方。图为 1995 年市场内热闹的景象。

杭州历来有纺织业传统，来买货的多了，城里的一些男女青年就开始办服装工厂，做自己的品牌，因此形成了明快时尚气质的"杭派女装"。他们还开发了一条仅有两车道宽的武林路，很多年里，那是女孩子们最愿意去逛的女装一条街。

我被分配到了新华社浙江分社，当时文化组和工商组都缺人，我一时拿不定主意。有一天，采编室主任临时抓我一个差：一位香港商人回老家，要有人去弄一个特写。

这是一位60多岁的"羊毛衫大王"，他的家族早年在杭州办有几家丝织厂，1949年举家到了香港。他的老宅是一个江南四合院，"文革"时期住进了七八户人家，此次为了吸引港商

3 1995年，武林广场"再就业工程"的劳动力夜市（图 2-3 由吴国方拍摄）

回乡投资，政府把住户迁走，收拾成了当年的模样。

港商从踏进宅门的那一刻，马上转成一口地道的杭州话，他仿佛回到了童年时光，这里是出生的屋子，那里是母亲梳妆的窗台，再有一处，是摆香案敬祖宗的地方，在那里，父亲用竹板打他的小手心。往日历历归来，港商说，他最怀念月夜时分，月光洒向院中的桂花树，青石板上落满婆娑的影子。

陪同官员趁着他兴致很高，就提议说，已经让人把卧室都布置好了，他今晚可以好好看看故乡的月亮。港商的脸上突然现出了奇怪的神情。他用粤语对身旁的秘书嘀咕了一阵子。秘书拉过官员，又嘀咕了一阵子。

我问官员，怎么了？他低声对我说，陈先生改主意了，他还是回酒店睡觉。

为什么呢？因为，老宅子没有抽水马桶。

那次采访回去，我找到采编室主任，告诉他，我决定去工商组。

万千乡愁，敌不过一只抽水马桶。初涉社会的我，在那一霎间意识到，"生活"是如此的具体，当一些改变发生之后，过往种种只适合在记忆和感叹中存活。这座城市里的所有没有抽水马桶的老宅子都将消失，商业和技术的力量将主导未来的时间，我应该与这一场变革在一起。我后来成了一名财经作家，都是那位老港商意外地给我上了这一堂思想震撼课。

这个时候，城里最出名的企业家，是那个胡庆余堂的"末代学徒"冯根生。

1972年，冯根生被派到驴皮车间当主任，车间远离清河坊，在城东桃源岭的山脚下，是由一个破庙改造而成的。1978年，冯根生根据药房秘方，开发出青春宝抗衰老片，这是改革开放后的第一代保健品。1982年，那还是一个只有黑白电视机的年代，他在电视台投放广告。青春宝一度是华东市场最畅销的保健品。1988年，北京评选第一届全国优秀企业家，一共20位，他是浙江省唯一的当选者，也是20人中少有的市场型企业家。

我因为进了工商组，就经常往他那里跑，一来二去，成了很要好的隔代朋友。冯根生身高一米八几，是同代人中少有的高个子，我们管他叫大冯。他的个性很豪爽，喜欢交朋友、讲笑话，看上去大大咧咧，但实际上又心细如发。

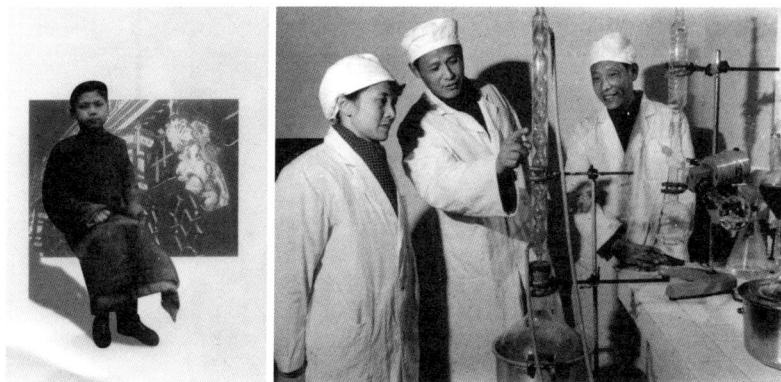

4（左）胡庆余堂的末代学徒冯根生，（右）冯根生（左二）在青春宝的工作照（胡庆余堂集团提供）

有一年，市政府通知他去参加考试，在大冯看来，企业家都是打出来的，哪里有考出来的，于是拒绝去考试。他这边搁下电话，那边就找到了我和一位《浙江日报》记者，我们把这个事情写成了一个报道，一时间，"冯根生罢考"成了一个全国性的话题。

大冯出生于1934年，按规定到60岁就该退休了。1993年，趁着邓小平南方谈话的改革风口，他干了一件很大胆的事情——青春宝集团宣布与泰国的正大集团合资，由正大控股青春宝，而冯根生对新组建的董事会只提出了一个要求："他大冯必须干到自己不愿意干为止。"就这样，到冯根生去世的2017年，他始终是青春宝的实际控制人，也让这家国有企业完成了资本化的改变。

也是在1990年年底，我奉命去城东采访一家名叫娃哈哈的校办工厂，据说它在三年时间里成为全国最大的儿童营养液企

5 1981年，宗庆后踩着三轮车在小学门口卖练习簿，那时他已经 36 岁。

业。娃哈哈派车来接我，是一辆苏联产的老拉达，接我的人说的第一句话是："请抻住车门，它不太牢，车子开到一半可能会打开。"

在一个处于狭窄街道的厂区里，我第一次见到了宗庆后。他长着一张典型的杭州人的脸，方正、温和而缺乏特征。他讲

6 1993 年"六一"节，宗庆后在果奶促销活动现场。在后来的近 30 年里，他每年有一半左右的时间在跑市场。（图 5-6 由娃哈哈集团提供）

起话来有点害羞，当他喜欢一个人的时候，唯一的表示就是不断地给你递烟。

出生于1945年宗庆后是一个土生土长的"杭州佬儿"，中学毕业后，他就去舟山群岛插队，每天在农场里挖沟、挑水、种棉花和挖盐晒盐。1979年，在一家街道工厂工作的母亲提前退休，让他"顶替"了自己的工作岗位。宗庆后终于回到了杭州。他的工作是拉着三轮车去学校门口卖练习簿和棒冰。

1987年，宗庆后拿着几万元的积蓄，与人一起创办了儿童营养食品厂。他是一个营销天才，针对孩子不爱吃饭的现象，他拟定了后来喊遍全国的广告词："喝了娃哈哈，吃饭就是香。"他独创的"产销联合体"模式，在很长时间是中国消费品企业发展经销商渠道的模本。

1991年年底，全国第六大罐头食品企业、拥有2000名员工的杭州罐头厂濒临破产，宗庆后主动向政府提出兼并收购。他利用现成的生产线，迅速上马推出娃哈哈果奶，仅用了一百天的时间，就让企业恢复了生机。我从兼并的第一天起就参与了跟踪调查，后来写出《百日兼并：娃哈哈"小鱼吃大鱼"纪实》。

恐怕连宗庆后本人也不会想到，他这个42岁才开始创业的人，会在后来成为中国的"首富"。他也是杭州城里继胡雪岩之后的另一个"首富"。

在整个20世纪90年代，"善贾"的杭州人复活了。

他们让杭州成为全国饮料和保健品的品牌重镇。与此同时，在家电领域，冰箱、空调、洗衣机、电视机和手机都涌现出曾经跻身全国前十强的品牌。1997年，杭州市政府还把市内的四家企业合并，组建新的金松集团，按营业收入该集团当年可跻身全国六强。

杭州的零售百货业也开始复苏，从20世纪90年代初开始，商业中心从西湖边向运河边的武林门一带转移，围绕着武林广场，建成了数家营业面积超过十万平方米的大型商场，其中的杭州大厦一度成为中国最赚钱的商场，它的单位面积营业额在相当长的时间里为全国第一，一直到2015年前后才被北京的SKP超过。

20世纪90年代末，房地产火了起来，杭州成为全国房价最早涨起来的城市。我记得在2000年前后，市中心的楼盘价格已经在3000～5000元之间，而此时，上海外滩和陆家嘴的房价还不到这个数字，深圳的均价更只有2000元左右。那些购房者绝大多数都不是杭州本地市民，而是来自温州和台州的老板们，他们被称为"温州炒房团"。这些人在杭州做生意，然后让自己的孩子读杭州最好的幼儿园和小学。而孩子们如果大学毕业，大多都不再愿意回到家乡。这是自运河衰落之后，杭州再次对外来的人流和资金流产生了吸引。

随着城市的扩容，原本的城乡差别居然也悄悄地改变了。求是村边上的那个玉泉村成了一个"城中村"。90年代中期，浙江大学与村民们商量，愿意把宅基地让出来的人可以转成城市户口，并安排子女到校办工厂当工人。当时有一半的村民签了转让合同，愉快地从农民摇身一变成了居民。

没有料到，十来年后，市政府对玉泉村进行农居点改造，留下来的村民得到一栋别墅，他们要么自己开农家乐，要么出租给别人，每年有20万元左右的收入，再加上每户的一亩茶田，顿时过上了让城里人大为羡慕的生活。那些早年把地转让给浙大的村民，天天卷着铺盖去学校吵闹。

所有这一切，都是野蛮生长的过程。城市从来不是静态、永恒和完美的，它一直在自我创造，充满活力和偶然性——它甚至具备生命的属性。城市的每一个细节都与生活有关，它的每一次选择也是出于生活本身。

2003年，我离职创业，去哈佛大学肯尼迪学院做了一段时间的访问学者。在那里，与美国及华裔的学者们交流的时候，他们常常困惑于中国企业及城市的发展路径和模式，以及在这一过程中，政府所扮演的角色。而我们这些来自本土的实证型

7 改造后的玉泉村（兰家湾）。村口沿渠一排的别墅如今开着各具情调的居酒屋、咖啡馆、服装店。不少村民把自家的房子一半租为商用，一半留着自住，于是日料店的二楼一边挂着日式风铃，一边晾着刚洗完的衣服。这些房子，模糊了农民与居民的差别。（吴晓波拍摄）

学者，也无法给予完整的描述和回答。

有一次，我独自在哈德逊河畔漫步，突然想到，也许冯根生、宗庆后的故事，以及杭州的新的商业面貌的发展过程，是最生动的中国式案例。它缺乏顶层设计，由一群没有受过任何商学院教育的创业者们共同发起和实现。他们对财富的渴望和变通的商业本能，在一个需求井喷的时代被极大地激发出来。也是在那一刻，我决定创作《激荡三十年》。

我所熟悉的那个安静的杭州正在变得面目全非，它与好或坏无关，只是肯定是前所未见的。

25 骚动的"不眠之城"

1999年开年之后，杭州市民发现了一个有趣的事情，政府突然派出了很多支装修队，把他们居住的楼房都刷了一遍新。这些房子大多建于20世纪70年代，有的甚至更老，经过这么一粉饰，陡然变得崭新了起来，整个城市就如同换上了一件新衣服。决定做这个事情的人是刚刚担任市长的仇保兴，市民们戏称他为"旧包新"。

"旧包新"干了两年多就升迁到北京，去当建设部副部长了，跟他搭档的市委书记王国平则一直干到了2010年。

我觉得，很多年后，杭州人应该还会记得王国平，就如同他们记得为杭州做出过贡献的钱镠、白居易和苏东坡等人一样。他是一个地道的杭州人，父亲王平夷是华野干部，1949年随军到杭州，第二年就生了个大胖儿子，起名王国平，取"国家太平"的意思，王平夷曾担任杭州的市委书记，一直干到"文革"爆发。

在省会城市的市委书记这样的岗位上"子承父业"，是一件罕见的事情。王国平整整干足了十年，他把杭州当成了自己的家园来治理。他的公文包里常年有一张杭州地图，可以让他随时随地摊开来"指手画脚"。

这是一位个性鲜明的领导者和建设者，在他的治理下，环西湖的政府机构几乎被全数拆迁，实现了"还湖于民"。通过大规模的排淤治理工程，西湖面积扩大了一倍多。2002年，倒塌了78年的雷峰塔重建，人们没有找到白娘子，却意外地挖到了一个藏有诸多宝物的地宫。

我听到过一个真实的故事。有一次，开西湖景区研讨会，一位专家在发言中说："据研究，景区门票价格每下降1%，游客量就会增长3%～5%。"王国平随即问道："那么，如果取消门票呢？"

2002年，西湖所有的公园宣布取消门票，是全中国第一个免费向公众开放的5A级景区。这一决定看上去每年少了一千多万元的门票收入，却数倍级地增加了游客量，进而推动了环西湖商业圈的繁荣。

在城市格局上，杭州市政府做出了东进西拓的战略性决策。

向东，市政府提出杭州从"西湖时代"向"钱塘江时代"迈进。自从民国初年城墙被拆除，西湖入城之后，杭州的城市重心就向西湖的北岸一线倾斜，这造成了极大的局促，在很长时间里，杭州是城区面积最小的省会城市之一。所以，只有"摆脱"西湖，才能舒展杭州。2001年，杭州市划出钱塘江北岸的四平方公里，设立钱江新城，在那里先后建设了新的国际会议中心、图书馆和市民中心等。

在城市的西部，保留了西溪湿地，使之成为城市的"绿肺"。

在杭州历史上，西湖和西溪是两个风景迥异、相对独立的文化符号，"西湖如诗，西溪如词"，只是前者的名气实在太大，把西溪压到没有了存在感。20世纪90年代末，杭州向西部的蒋村一带迁移人口，便有规划人员提出，把西溪填平即可获得大面积的开发土地，在当时已经有11平方公里的土地被转让给了地产开发公司，可建成一个"百万人口级的新城"。王国平力排众议，否决了这一规划，相反，启动了西溪保护计划，设立西溪国家湿地公园，提出"让西溪湿地再活一个1600年"。从今天的角度看，西溪的幸存是一个无法用金钱估算的决策。

2001年3月，钱塘江南岸的萧山和西部的余杭同时宣布撤市建区，成为新的杭州城区的一部分。这两个县级市都有百万人口，经济体量均位列全国百强县市的前十位，它们的并入，大大增加了杭州在产业和空间上的想象力。2015年，富阳撤市建区，成为当时杭州的第九个市辖区。

2016年，杭州市政府由武林门搬迁至钱江新城。同年，杭州承办G20峰会。2019年4月，亚运会组委会宣布，第19届亚运会将于2022年9月在杭州举办。

如果说，在21世纪的前20年，杭州市通过空前的腾挪扩张，实现了城市格局的千年一大变。那么，同样剧烈的变化，还发生在产业领域，因为一个人和他的创业，杭州成为中国的电子商务之都。

就当王国平和仇保兴在忙着刷楼修屋顶的1999年，35岁的马云在自己的家里创办了阿里巴巴，他的理想是"让天下没有难做的生意"。

这是一位长相奇特的杭州人，能言善辩、脑路奇特又喜欢打抱不平，很像郁达夫所描写的"杭州佬儿"的性格。他第一次被记者拍到，居然是一次"马路测试"：1995年，杭州电视台拍一个暗访节目，记者雇了几个人在马路上撬窨井盖，看有没有市民会出来阻止。结果那天唯一站出来的是骑自行车经过的马云，他来来回回找不到警察，就指着撬盖子的人大声说："给我抬回去！"他一边大喊，一边跨在车上随时准备开溜。

这时候的马云已经开始接触到了互联网。据说他的高考数学成绩只有19分，但是他对数据却有天才般的直觉，他意识到未来的商业交易将被全部搬到网上，然后生意的模式将被颠覆。他和朋友创办了一家叫"中国黄页"的网站，试图帮助北京的商务部建设一个新的信息平台。

他的好日子的真正到来，还是要到1999年。在亚洲金融风暴之后，中央政府开始推动"中国制造"的外向型战略，这时候需要一个B2B的信息交易平台，阿里巴巴应运而生。

我记得第一次见到马云，大约是2000年年初，在一次媒体朋友的牌局上。我们问他："阿里巴巴是干什么的？"他说："你们都知道四季青和义乌小商品市场吧？阿里巴巴就是网上的四季青和义乌，大家都可以来摆摊做买卖。"我们又问："四季青靠收摊位费赚钱，阿里巴巴靠什么？"他想了一下说："这个还不晓得嘞，我们还是继续打牌吧。"

1 2019 年，为了拍摄纪录片《地标 70 年》，我又去了一趟马云当年创业的湖畔花园。

2 在创业者遍地的城市，开一家这样的小面馆，也不忘在墙上写一段"鸡汤"，应该是这个时代的标准动作。

3 采访"90后"的四季青女装店主秋枫。1997年，她的妈妈从丽水农村跑到四季青做生意，攒下了一个"档口"，秋枫接手后，市场生意受到电商很大的影响，现在，她每天通过直播卖衣服。

4 2020年的"双11"之夜，凌晨时刻，我在热闹的淘宝大楼拍下这张留影。（图1-4均由吴晓波提供）

他也许是真不知道，也许是怕影响我们打牌，反正没过多久，我们居然发现他上了美国《福布斯》杂志的封面，阿里巴巴成了全球流量最大的B2B电子商务网站。

后来的故事，就众所周知了。

阿里巴巴对于杭州的意义是非凡的，它如同挖通了一条新的"通天大运河"，让杭州成为全国互联网商品交易的巨型集散地，更可怕的是，这个"大运河"没有物理空间的限制。

在城市经济学的意义上，阿里巴巴是一种效应，如同波音之于西雅图、福特之于底特律、惠普和斯坦福大学之于硅谷，当一个具有强大辐射能力的公司在一座城市出现的时候，将引发和带动更多公司的参与和创新。今天的杭州还有网易、海康威视、吉利汽车、万向等大型企业，有200多家上市公司和近100个"独角兽"，一所新型的科技研究性大学西湖大学也已落地开学。

在过去的近十年里，这座城市每年新涌入40万～50万的年轻人，2019—2021年的这三年为全国城市新增人口之冠。他们像源源不断的新鲜血液，重构了人口结构、人文气质和产业格局，让杭州成为一座"不眠之城"。

2020年以后，随着直播电商的崛起，杭州成为供应链和运营的大本营，无数的"网红"涌入这里，全国60%的MCN公司（"网红"孵化机构）聚集在此，总数超过两万家。有人开玩笑，如果你在湖滨银泰in77的上空丢一块石头，随便砸到一个"网红"，都可能拥有50万粉丝。有一次，我去九堡请几位MCN的操盘手吃饭，他们都是"95后"，有的甚至还在读大学，他们在淘宝、抖音或小红书上"种草"开店，动辄有一千万以上的粉丝。

在城市的每一个角落，你都可以发现数不清的奶茶店、健身房、宠物店和微整容医院，它们构成新的消费潮流和生活方式。年轻意味着无限的可能和不假思索的挥霍。这里有全国最"潮"的电音夜店，每晚人流如潮，你花5000元可以让店家把你的名字打在荧光屏上，它刺眼地闪动，像一个孤独而稍纵即逝的青春。

如同过往所有的杭州人一样，他们找到一条自己梦中的道路，被欲望驱赶着往前奔跑。他们赚钱、纵乐，仍然不喜欢讨论宏大的议题。他们遇见相爱的人，与之缠绵或分飞。他们的心被西湖的风吹软，连说话腔调和容貌的曲线竟也变得柔和起来。如果他们想要生一个孩子，也会跑到上天竺去烧香，到了腊月初八，去永福寺或净慈寺排队领一份腊八粥，还有很多女生到了周末相约，去云栖附近的山里放生一些乌龟和泥鳅，那份老底子杭州人的"清单"不知道怎么就流传了下来。

他们诅咒不断上涨的房价，一旦有了孩子，为上一所好的幼儿园将烦恼好一阵子。他们一边为自己的公司骄傲，同时在社交网络上吐槽"996"。他们的身边总是冒出宗庆后或薇娅这样的人，昨天还在你家门口卖棒冰、服装，过几年居然成了首富、超级"网红"，这令他们既羡慕又焦虑。已经一千多年了，这座城市与金钱一直纠缠不清。

他们在时间和物质的意义上成为杭州的一部分，无论来自哪里，都挺愿意告诉别人，他其实是一个"杭州佬儿"。对于他们中的很多人而言——包括我在内，如果在人间，杭州或许是最好的人间了。

我到了，这是我此次写作的最后一站——一栋缺乏艺术感的大楼，在城市西部的一片草坪的旁边，里面有一个并不太高的大厅，走进去，两面的墙上都是巨幅的电子大屏，上面每一秒都在跳动着数字，它们被呈现在不同的柱状图和曲线之中。这里是杭州的城市大脑运营指挥中心。

杭州是全世界最早建设"城市大脑"的城市。它首先在交通系统得到应用，技术人员在交通要道安装了数以万计的摄像头，数据回传"大脑"后，动态控制红绿灯，这一应用让杭州的堵车率大幅下降，从2014年的全国拥堵排名第2位下降到2021年的第57位。2020年年初，新冠肺炎疫情暴发，因为有这一套系统，杭州率先研发出了健康码，它迅速成为一个全国性的工具，中国疫情控制令世界惊讶，健康码起到了极为关键性的作用。

在大学读新闻学的时候，我认为细节构成全部的事实，我将毕生以追求细节真实为自己的事业，而在从事了三十多年的商业研究之后，我终于承认，其实我只发现了一半的真理，跟细节相比，数据才是最后的事实。

数据具有比细节更强悍的抽象能力。在"城市大脑"的大屏上，每一节数字的背后，跳跃着匆匆上班的车流、医院安静而冗长的取药队伍、从十字路口行走过的身影、居民每天吃掉的大米和鱼肉，以及不同小区的二手房价格。如果你想再了解得细致一点，"大脑"还可以告诉你，杭州人一天有多少时间花在手机上，他们最热衷的关键词是哪几个。

5 夜晚的湖滨（孙午飞拍摄）

2021 年的杭州：不眠之城

这些照片是对 2021 年的一次定格，如同过往的历史一样，它们可能留存很久，也可能很快成为一个不复重现的记忆。每一代杭州人都有自己的服饰打扮、口头禅和喜欢流连的地方，它们都是生活本身，生动而脆弱，未必与永恒有关。有些部分无法用图像记录，但是它们同等的重要：政治和社会制度对城市秩序的改造，科技工具对生活和文化模式的迭代，以及隐藏在笑容背后的焦虑和忐忑不安。"如同一条河流，我们一次次被强壮的时代改道"，我们就跟城市一样，在身不由己中努力让自己变得更好。

在这座城市，我已经居住了 40 年，熟悉是相处最大的敌人，我必须发现新的陌生感。在这次创作中，我时常想起约翰·伯格的一句话："只要把你发现的东西写下来就好，我永远不知道我发现了什么。"

6　西溪湿地（视觉中国提供）

7　西湖与城隍阁（马西锋拍摄）

8　网红餐厅门前等座的人们

9　我的女儿现在也是杭州的一位创业者（图左三），她开了一家名叫"爪爪联萌"的宠物店。

10　1998年，33岁的吴国平开出第一家外婆家面馆，由此引发了"新杭帮菜"的美食流行，到2021年，他的外婆家、老鸭集、炉鱼和宴西湖等餐饮品牌，开进了全国60多个城市。（图8-10由孙午飞拍摄）

11　网易的丁磊是杭州城里另外一个当过"中国首富"的人，那年他才32岁（2003年）。他是企业家里少有的"自在人"，喜欢音乐、美食和旅游。他还办了一家养猪场，有一年请我去吃"丁家猪"。（网易提供）

11 落日时分的钱塘江两岸（杭州市投资促进局提供）

如果你足够有智慧，把数字与细节结合在一起，就可能发现所有的当下情绪：快乐、忧伤、焦虑、愤怒和无动于衷。

很多年后，也许会有一位像我这样的作家，试图知道21世纪初的杭州人的喜怒哀乐，他除了翻阅文字记录，还可以读一下"城市大脑"。它会告诉他一些什么？这座城市还有没有仍未被破译的东西？它们有什么言外之意？

结语　一座只与"活着"有关的城市

2010年前后，我曾在西湖边开过一家书店，两年后倒闭了。

书店的位置很好，是湖边新开张的一个商场，它在南山路与将军路的交叉口上，是当年杭州将军府的旧址。商场总经理把三楼一个南面向湖的商铺给了我，外带一块500平方米的大露台。他还很慷慨地免除了书店三年的租金。

这几乎便是我的理想：在寸土寸金的湖畔，为读书人留一扇看得见风景的窗户。书店起名蓝狮子时尚书屋，我买了一套意大利的商用咖啡机，还把书店的书架设计成可移动式的，便于举办读书沙龙。

当我成了一名书店老板后，才意外地发现，原来理想与生存之间真的很难私密无缝。有一次，店里进来一位美女，她从书架上取下一本书——好像是伍尔夫的小说集，选中靠窗的位子坐下，要了一杯清水，然后，专注地读了起来。阳光扑朔迷离地打在她乌黑的头发和光滑的肌肤上，宛如一幅马蒂斯的画。

我看着她，心里一直在嘀咕的是："她什么时候买书，买多少本书，她会点一杯清咖还是卡布奇诺？"这样的念头折磨着我，让我无法欣赏，心里只有数字的焦虑和郁郁不欢。

因为经营不善，还没熬到第三年，书店就支撑不下去了。记得最后关门的那个傍晚，我亲自去拉了电闸。站在空荡荡的书店里，静冷的月光越过湖面透进落地大窗，洒在书架、吧台、那个姑娘坐过的木椅子和我的身上。那一刻，我的心里竟并没有那么的伤感，只好像做了一件有点荒谬的事情，它很可爱，又无法着落，像小时候吹出的一个肥皂泡，五彩斑斓而注定破灭。

也许受存在主义的影响实在太深了，我经常把荒谬看成是世界和人生的底层逻辑。

你知道杭州人有多喜欢和感谢苏东坡吧？然而，在他去世后的三年，发生元祐党禁案，朝廷下令抹去他所有存世的题字，杭州人乖乖地找到每一块摩崖石刻，凿去他的名字，认真得居然一块都没有遗漏。

你知道杭州人有多没心没肺吗？赵士麟为他们排解了营债事件，大家先是为他建了一个赵公祠，然而，拜着拜着一恍惚，赵士麟成了赵公明，拜清官成了拜财神。

那天，我骑着自行车，从武林门出发，沿着解放路到西湖边，然后右转骑向断桥和孤山。我看见儒生张煌言和倭寇汪直在相距不远的地方被砍头，马可·波罗、张岱和秋瑾站在同一个

1 我开在西湖边的蓝狮子书店，现在只留下这一张照片。（吴晓波提供）
2 当年的杭州巡抚衙门，今天的建兰中学。（毛洺拍摄）

角度各怀心事地眺望西湖，几位中学生从建兰中学的校门嬉笑着走出来，在他们的身后，有一位将军带着十几位亲人举火自焚，那条被叫作白堤的长堤其实与白居易没有关系，在香格里拉饭店的门前，有一位大和尚在一棵松树上打坐了40年。

如果恰巧下起一场小雨，正在湖中心被淋成落汤鸡的苏东坡开始吟诗，大塔儿巷里一位少年写下哀怨的《雨巷》，住在马塍花市边的李清照面无表情，拒绝写下一个字。

我说江南的每一个孩子都养过蚕，这句话也许不适合所有的"90后"。他们觉得西湖醋鱼很难吃，清明团子的含糖量太高了，杭州曾经有一座满城，那么真的有格格和贝勒在那里谈过恋爱吗？白娘子和祝英台怎么都找了一个懦弱且智商不在线的男朋友？

桑塔格讲过一句很有意思的话，她说："怀旧本身成了怀旧的对象，对某种难以重新找回的感觉的回忆，成了感觉的对象。"我突然想到，我写作这本书的心情，也许真的跟张岱写《西湖梦寻》时的差不太多，我们都在记录自己愿意记录的杭州和西湖，它充满了幻觉，其实与事实本身相去甚远。

所以，写这一本书，如同我当年开那家书店，仍是一件可爱而不会有什么着落的事情。我把它当成一个念想，你把它当成一个人对城市的私人记忆就好了。

我曾经被问及一个问题：为什么你们没有一座伟大的博物馆？浙江或杭州博物馆里的藏品完全没法与西安、南京、洛阳及太原等古城相比。

我想了很久，后来明白过来了。杭州把整座城市放大成了一个博物馆。你没有办法把飞来峰或林和靖笔下的梅花搬进博物馆，也没有必要为吟咏西湖的上万首诗词建一个博物馆，断桥其实是一个抽象化的情感寄托，龙井的茶叶还在你的陶瓷杯子里冒烟，绸伞打在一位姑娘儿的头顶。杭州没被博物馆化的原因是，它的文化更多地被呈现为风景、文字、传说和商品，它们都还活着，今天仍然是日常生活的一部分。

但凡当过国都的城市，都有浓烈的"大帝情结"，那些强悍的统治者不但在生前是唯一的权力核心，在千百年之后，仍然以地面的宫殿遗址、地下的陵墓以及史书中的生动记载，成为城市景致的地标和历史的叙事中心，对皇权的低眉尊重是这些城市与生俱来的传统。

而杭州是一个奇怪的例外。在这座城市当过皇帝的人，都不那么的"大帝"，甚至有种种的人格缺陷。南宋的第一位皇帝愚蠢地杀死了我们的岳飞，而最后一位成年皇帝则是一个低能儿。[1]他们从来没有在精神上统御过杭州。相比皇帝，杭州人显然更以美丽的风景、庙宇的香火和诗人们的文字为骄傲。

在这个意义上，杭州不是一座属于权力的城市，它一直被平民所统治。

"如何好好地活着？"——这是杭州的城市哲学，它缺乏宏大性、琐碎、具体而世俗，甚至在某些年代，呈现为被动的"偏安"。它对岁月和权力的反抗是温和的，即便在最绝望的时刻，仍然是李清照和张岱式的。这注定了杭州不是一座神圣或悲壮的城市，它平凡、略带忧郁而不颓废。在杭州的湖畔和群山之中，埋着很多激烈而动荡的灵魂，他们中的大多数人并非出生于杭州，而最终选择在此安息，或许这里符合他们对人间的最后想象。

这可能也是那么多人——包括那些强势的帝王和领袖们——喜欢杭州的原因，这里的风景和市井生活带有很大的疗愈性。顺从与从容，足以让剑拔弩张的岁月顿时婉转起来。它也许不是真实的全部，不过，却是存在和可以感知到的。

---

[1] 指宋度宗赵禥（1240—1274）。他是南宋第六任皇帝，智商低于正常人，在位十年，受权相贾似道摆布。

3 我和我的书房（吴晓波提供）

阅读一座城市的历史，会让人获得另一种时间感，你可以从任何一个段落回忆过往或眺望未来。它似断似续，既复杂又单纯，既不可逆又充满了想象力，它让一个个脆弱的肉体突然发出光来，从而超越了这颗星球上的所有生物。

如果你恰巧是一个正生活在这里的人，城市的历史将让你产生身不由己的连接，它好像是一根管子，接入你的身体和意识，然后就会有无数陌生的灵魂走近你，与你对话，向你讲述快乐或忧伤的往事。渐渐的，你觉得他们是你失散多年的家人、朋友，你们在同一个维度迥异的空间里，构成一个若有若无的整体。

你被城市占领，同时，你成为城市的主人。

有时候，漫长的写作既是一次皈依，又是一次逃逸。感谢杭州，让我在一个不无苦闷的年份里，有了排遣时光的机会。

我不是第一个讲述杭州的人，也肯定不是最后一个。在这座以安逸和风景秀美著称的中国城市里，无数人度过了或长或短的人生，那些悲欣交集的记忆随同他们的灵魂慢慢消失，如同从来没有存在过一样。这一次，他们中的一些人很不情愿地被我唤醒，然后定格在我赋予他们的意义里。日后有一天，我也将遭遇跟他们一样的命运。

2021年8月，杭州大运河边

9月9日定稿，这一天恰巧是我的生日

4 1930 年前后，从葛岭远眺西湖和杭州城。（果禅绘制）
在画作的左半部分，我们可以清晰地看到外西湖、里西湖和位于湖中的白堤，远处可以看见钱塘江。画作的右半部分，可见架于湖上的西博会木桥。

5 2021 年，在果禅作画的几乎同一位置，我请摄影师马西锋拍下这张照片。
从这张近一个世纪后拍摄的照片中，我们可以看到西湖和白堤风景依旧，但背景中的杭州城已经发生了很大的变化，高楼林立。

附录\图片与参考书目

1986 年，杭州街头的小书摊（吴国方拍摄）

　　我在这本书里选用了220多张历代绘画和照片，是我所有作品中用图最多的一本，它们构成了文字之外的另一条叙述线。

　　所用的照片主要由四部分组成。其一是我和助理毛洺为创作此书，专门花了几天时间拍摄的，我们用的是苹果手机，其中包括南宋皇宫遗址系列和一些街景照。其二是摄影师孙午飞根据我的要求，拍摄了一组"汉服系列"，他还完成了封面照片的摄制。其三是清末和民初的传教士们拍摄和绘制的照片、水彩画，他们对杭州的好奇和热爱，为我们留下了某些已经消失的场景和风情，我选用最多的是甘博的作品。其四则是一些新闻记者在不同时期拍摄的，尤其要感谢的是浙江日报社的吴国方。蓝狮子·耕耘奇迹的侯婷绘制了《人间杭州》寻迹图等彩插画。此外，故宫博物院、良渚博物院、浙江省文物考古研究所、浙二医院、西湖博览会博物馆、杭州市投资促进局、网易公司和娃哈哈、青春宝集团等，以及茅威涛、屈皓、沈弘、马西锋、姜青青、钱登科、徐忠民教授等，也提供了珍贵的图片，一并致谢。

　　因为这次创作和拍摄，我去了一些之前没有到过的地方，比如西兴古镇和凤凰岭、馒头山的深处，我还回到了少年读书和玩耍的求是村"向阳院"。当年在我看来又高又密的梧桐树，现在却是平常得很，长大真是一件很悲哀的事情，它让生活的神秘性荡然无存。

　　关于参考书目，特别值得一提的是由王国平主编的《杭州全书·杭州文献集成》，它开始编撰于2000年，历时二十年，全书包括文献集成、丛书、通史、辞典和研究报告等五个系列，每个系列又由数十本图书构成，总书籍数达360多本，参与创作者近千人，它是一代杭州学人对城市历史的一次集体梳理工程。它们是我本次创作最主要的参考读本。其他对我助益较大的书目列举如下：

赵冈.中国城市发展史论集 [M]. 北京：新星出版社，2006.

葛兆光.中国思想史 [M]. 上海：复旦大学出版社，1998.

付琳.吴越之迹：江南地区早期国家形态变迁 [M]. 厦门：厦门大学出版社，2020.

周膺、吴晶.杭州文化史 [M]. 北京：中国社会科学出版社，2020.

沈弘.城记·杭州：1793—1937，遗失在西方的杭州记忆 [M]. 北京：北京时代华文书局，2019.

良渚博物馆.良渚 [M]. 南京：东南大学出版社，2020.

[美] 罗伊·休厄尔.天城记忆：美国传教士费佩德清末民初拍摄的杭州西湖老照片 [M]. 山东：山东人民出版社，2010.

钱益知.杭州地名史话 [M]. 北京：中国国际广播出版社，2017.

徐吉军.南宋临安工商业 [M]. 北京：人民出版社，2009.

[美] 艾朗诺.才女之累：李清照及其接受史 [M].

上海：上海古籍出版社，2017.

姜青青.从都城走向天城[M].杭州：杭州出版社，2020.

李治安、宋涛.马可波罗游历过的城市：Quinsay[M].杭州：杭州出版社，2012.

方芝蓉、杜正贤.杭州宗教遗存[M].杭州：浙江古籍出版社，2013.

宋涛.明代杭州研究[M].杭州：杭州出版社，2009.

[美]史景迁.前朝梦忆：张岱的浮华与苍凉[M].桂林：广西师范大学出版社，2010.

陈江明.清代杭州八旗驻防史话[M].杭州：杭州出版社，2015.

王水福.图说首届西湖博览会[M].杭州：西泠印社，2003.

郝平.无奈的结局：司徒雷登与中国[M].北京：北京大学出版社，2002.

[土]奥尔罕·帕慕克.伊斯坦布尔：一座城市的记忆[M].上海：上海人民出版社，2007.

[英]简·莫里斯.的里雅斯特：无名之地的意义[M].杭州：浙江大学出版社，2010.

[美]海明威.流动的盛宴[M].天津：天津人民出版社，2018.

[英]约翰·伯格.我们在此相遇[M].桂林：广西师范大学出版社，2009.

[英]西蒙·蒙蒂菲奥里.耶路撒冷三千年[M].长沙：

湖南文艺出版社，2019.

　　[意]伊塔洛·卡尔维诺.看不见的城市[M].南京：译林出版社，2006.

　　[美]约瑟夫·布罗茨基.小于一[M].上海：上海译文出版社，2020.

　　这份书单中，自《伊斯坦布尔：一座城市的记忆》以下的几本都与杭州无关，是一些作家关于各自城市和国家的记忆，它们都带有强烈的个人情感，是地志学创作的典范。你最终会发现，城市的历史各有曲折和迷人之处，它本质上是一个情感和欲望的容器。

　　感谢本书的责任编辑宣佳丽、钱晓曦、傅雅昕。

　　感谢我的家人们。这本书献给我的父亲吴燊谨和已经去世的母亲宋月英，是他们把我带到了人间和这座城市。

1917年，一群好奇的杭州人围着正在街拍的甘博（视觉中国提供）

图书在版编目（CIP）数据

人间杭州：我与一座城市的记忆 / 吴晓波著. --
杭州：浙江大学出版社，2022.1
ISBN 978-7-308-21890-0

Ⅰ.①人… Ⅱ.①吴… Ⅲ.①文化史—杭州②杭州—
地方史 Ⅳ.①K295.51

中国版本图书馆CIP数据核字（2021）第215052号

人间杭州：我与一座城市的记忆

吴晓波 著

策　　划	杭州蓝狮子文化创意股份有限公司	
责任编辑	卢　川	
责任校对	陈　欣	
封面设计	王佳涵	
出版发行	浙江大学出版社	
	（杭州天目山路148号　邮政编码：310007）	
	（网址：http://www.zjupress.com）	
排　　版	浙江时代出版服务有限公司	
印　　刷	杭州钱江彩色印务有限公司	
开　　本	880mm×1230mm　1/32	
印　　张	10.375	
插　　页	2	
字　　数	224千	
版 印 次	2022年1月第1版　2022年1月第1次印刷	
书　　号	ISBN 978-7-308-21890-0	
定　　价	69.00元	

版权所有　翻印必究　　印装差错　　负责调换
浙江大学出版社市场运营中心联系方式：　（0571）88925591；http://zjdxcbs.tmall.com